영어 중독자 **두껍**의

진짜
미국영어

영어 중독자 두껍의 진짜 미국 영어

지은이 엄세희
펴낸이 안용백
펴낸곳 (주)넥서스

초판 1쇄 인쇄 2015년 9월 30일
초판 1쇄 발행 2015년 10월 5일

출판신고 1992년 4월 3일 제311-2002-2호
121-840 서울시 마포구 양화로 8길 24
Tel (02)330-5500 Fax (02)330-5555

ISBN 979-11-5752-544-7 13740

저자와 출판사의 허락 없이 내용의 일부를
인용하거나 발췌하는 것을 금합니다.
저자와의 협의에 따라서 인지는 붙이지 않습니다.

가격은 뒤표지에 있습니다.
잘못 만들어진 책은 구입처에서 바꾸어 드립니다.

www.nexusbook.com

영어 중독자 **두껍**의

진짜 미국 영어

글·그림 엄세희

넥서스

저자의 말

안녕하세요.
저는 대학 졸업 직후 미국으로 건너가 젊은 시절을 모두 보낸 **영어 중독자 두껍**입니다.
전공도 영어, 밥벌이도 영어, 이렇게 매일 똑같은 삶을 살던 어느 날,
미국 생활에서 보고 들은 표현을 널리 알리라는 아이디어를 접신하게 되었습니다.
그리하여 두껍이란 캐릭터로 2cup2.com(두껍이닷컴)에서 블로그를 운영하기 시작했으며,
두껍은 제 분신이자 호가 되었습니다.
그리고 **두껍**이란 이름으로 책도 세상에 내놓게 되었습니다.

왜 예쁜 이름들을 두고 하필 '두꺼비'도 아닌 '두껍'이냐고요?

이름이 풍기는 뉘앙스에서 구림과 병맛이 내재된 비범함이 느껴질 뿐만 아니라,
두껍이 직접 그리는 발 그림과 내용이 시너지를 발하여
힘든 영어 공부에 재미라는 한줄기 빛을 내린다고 생각했기 때문입니다.
(책 속 모든 삽화는 두껍의 작품입니다.)

이 책에는 우리네 삶에서 볼 수 있는 희노애락을 8가지 주제로 묶어
진짜 미쿡인들이 쓰는 진짜 미쿡 영어를 담았습니다.
같은 의미의 표현이 한국어, 영어에서 각각 어떻게 다르게 또는 비슷하게 표현되는지
한 평생 생각하며 살아 온 두껍의 친절 돋는 설명과 함께
유용성과 중요도에서 별 5개를 줘도 안 아까운 생활 직결 표현을
수월하게 뇌에 새길 수 있을 것입니다.
컴퓨터에 중독된 시대상에 맞춰 모니터 화면을 보는 듯한
파격적인 가로 판형과 디자인이
두껍의 B급 삽화와 100% 싱크로되어
더 쉽고 재미있게 영어 공부를 할 수 있을 것입니다.

**영어는 어려운 게 아니에요,
무조건 재밌고 즐겁게 공부하세요!**

저자 **두껍 엄세희**

편집자의 말

이 책은 영어를 공부하기 위한 책이 아닙니다.
이 책은 **영어를 즐기기 위한** 책입니다.

우리는 10년 넘게 영어를 공부해 왔지만
진짜로 머리에 남는 영어가 얼마나 되는지는 생각해 볼 일이에요.

시험 때문에, 취업 때문에, 승진 때문에 공부는 해봤어도
재미로 공부해 본 적은 없지 않나요?

거기서부터 시작입니다.

매달 기다렸다가 사는 최신 유행 잡지처럼,
시간 때울 때 꺼내 보는 심심풀이 웹툰처럼
이 책이 최대한 잉여롭고 아무 생각 없이 읽히기를 바랍니다.

그러다가 기억에 남는 표현이 있다면
그야말로 **럭키**죠.

이 책의 표현들이 여러분의 뇌에 각인되는 것은
두껍 샘의 재기발랄한 표현과 적재적소의 삽화가 도와줄 거라 믿습니다.

저도 재미로(물론 정성을 다해) 만들었으니
여러분도 재미로 읽으시면 됩니다.
부디 부탁드리고 싶은 것이 있다면 딱 한 가지입니다.

영어를 즐기세요!

이 책을 보는 법

이 책의 구성

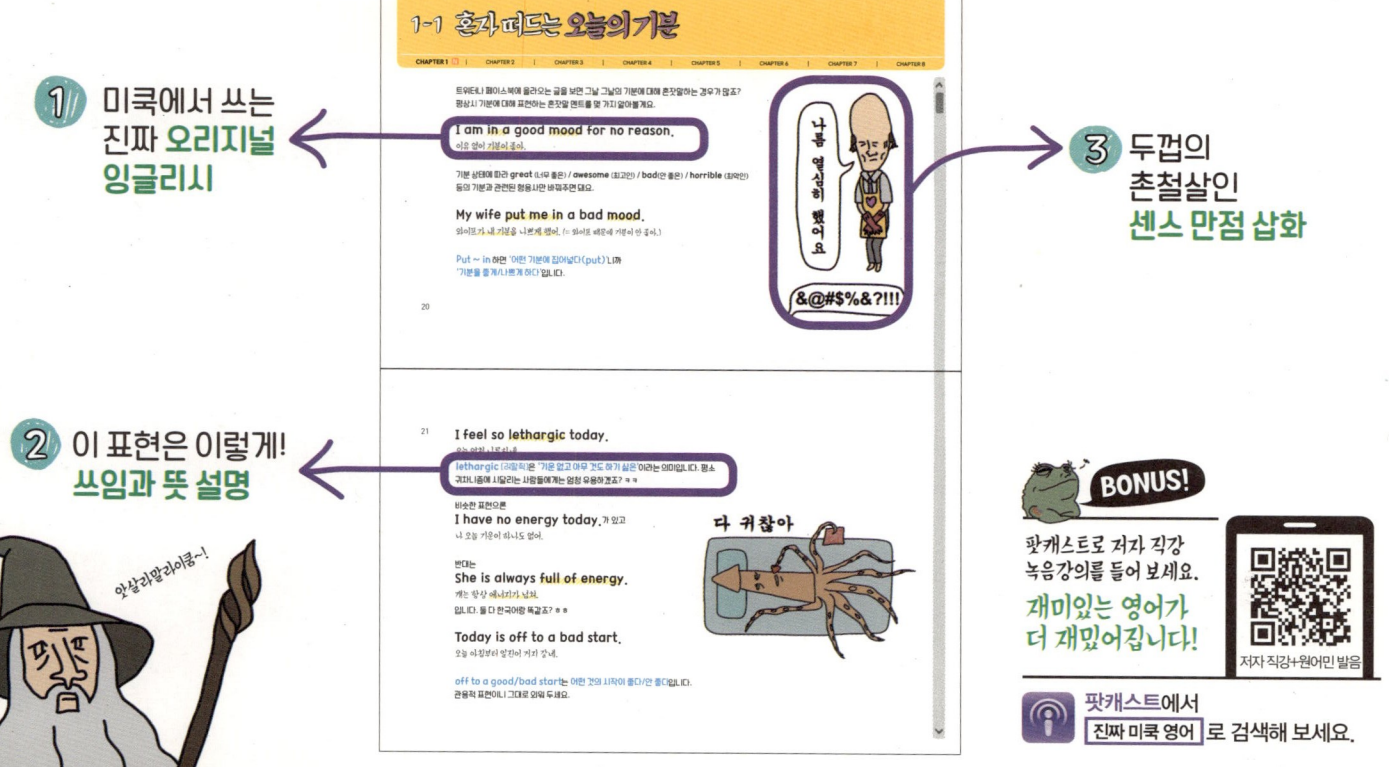

① 미국에서 쓰는 진짜 **오리지널 잉글리시**

② 이 표현은 이렇게! **쓰임과 뜻 설명**

③ 두껍의 촌철살인 **센스 만점 삽화**

차례

CHAPTER 1
사사로운 인생사

- 01 혼자 떠드는 오늘의 기분　14
- 02 빡친다 빡쳐　16
- 03 스트레스 받아　18
- 04 나 심심해　20
- 05 날씨가 구려　22
- 06 친구와 약속 잡기　24
- 07 빈손으로 와　26
- 08 허세와 오글거림　28
- 09 자뻑 (자아도취)　30
- 10 셀카와 포샵　32
- 11 자신감, 바닥을 치다　34
- 12 돼지가 됐어　36
- 13 퉁퉁 부었어　38
- 14 나 중독됐어　40

CHAPTER 2
세상아 싸우자

- 01 욕하다　44
- 02 입이 더러워　46
- 03 디스(diss)하다　48
- 04 뒷담화하기　50
- 05 따지다　52
- 06 흔한 말다툼　54
- 07 너는 누구 편이야?　56
- 08 참견쟁이　58
- 09 지지고 볶고　60
- 10 넌 호구야　62
- 11 내가 동네북이냐　64
- 12 홧김에 한 말　66
- 13 사과해라　68
- 14 진짜라니까　70
- 15 왜 내 문자 씹어?　72
- 16 우리 인연은 여기까지　74
- ★ 이 정도는 알고 있겠지?　76

CHAPTER 3
먹고 마시기

- 01 SNS 음식 사진　80
- 02 꼬르륵 배고파　82
- 03 물 탄 맹탕 커피　84
- 04 단 게 땡겨　86
- 05 외식과 내식(?)　88
- 06 쥐도 안 먹어　90
- 07 비위 상해　92
- 08 쌀 떨어졌어　94
- 09 장 보기　96
- 10 폭풍 흡입　98
- 11 소화 불량　100
- 12 광란의 술 파티　102
- 13 군것질하다　104
- 14 남은 음식 데워 먹기　106
- 15 이것도 알아두자　108

CHAPTER 4
돈이 뭐길래

- 01 Starbucks = 별 달러　112
- 02 땡전 한 푼 없어　114
- 03 지름신 강림　116
- 04 빚을 지다　118
- 05 대출을 받았어　120
- 06 겁나 빈곤해　122
- 07 긴축 정책　124
- 08 인심이 좋아　126
- 09 돈 관리　128
- 10 더럽게 부자야　130
- 11 집이 잘 살아　132
- 12 돈을 긁어모아　134
- 13 더럽게 싸네　136
- 14 더럽게 비싸네　138
- ★ 이 정도는 알고 있겠지?　140

CHAPTER 5
나는 대학생이다

01 학교 어디 나왔니? 144
02 대망의 합격 146
03 전공과 부전공 148
04 수업 시간 150
05 교수님의 편애 152
06 수업 팼어 154
07 리포트 쓰기 156
08 밤새 공부했어 158
09 노력의 대가 160
10 시험 망했어 162
11 학점 관리 164
12 학비 벌기 166
13 휴학, 퇴학, 중퇴 168
14 졸업 170
15 취준생 신세 1 172
16 취준생 신세 2 174

CHAPTER 6
직장인의 삶이란

01 억대 연봉 178
02 쥐꼬리만 한 월급 180
03 고된 노동 182
04 가장의 비애 184
05 비전 없는 직장 186
06 일손이 딸려 188
07 미친 듯이 바빠 190
08 힘들어 죽겠어 192
09 못된 상사 194
10 짜증나는 동료 196
11 피땀의 대가 198
12 병가와 휴가 200
13 임금 인상과 동결 202
14 내가 그만둔 거야 204
15 회사가 망했어요 206
16 백수와 백조 208
★ 이 정도는 알고 있겠지? 210

CHAPTER 7
썸에서 결혼까지

01 모태 솔로와 돌싱 214
02 아슬아슬 썸 타기 216
03 작업 걸기 218
04 우리 사귈까? 220
05 우린 무슨 사이야? 222
06 케미가 좋아 224
07 니가 아깝다 226
08 바람이 분다 228
09 문제 있는 커플 230
10 우리 헤어져 232
11 너를 못 잊어 234
12 눈물의 재회 236
13 황금을 캐는 여자 238
14 결혼에 골인하다 240

CHAPTER 8
19세 미만 출입 금지

01 야한 옷 244
02 팬티를 팬티라고 부르지못하고 246
03 그 여자 글래머야 248
04 나 흥분했어 250
05 발딱 서다 252
06 사춘기 254
07 PDA 256
08 거사를 치르다 258
09 속도 위반 260
10 임신과 출산 262
11 변태다! 264
12 피임 266
13 늦어지는 생리 268
14 나 경험이 많아 270

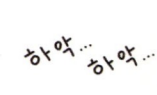

영어 중독자 두껍의
진짜
미쿡영어

CHAPTER 1

사사로운 인생사

- 01 혼자 떠드는 오늘의 기분
- 02 빡친다 빡쳐
- 03 스트레스 받아
- 04 나 심심해
- 05 날씨가 구려
- 06 친구와 약속 잡기
- 07 빈손으로 와
- 08 허세와 오글거림
- 09 자뻑 (자아도취)
- 10 셀카와 포샵
- 11 자신감, 바닥을 치다
- 12 돼지가 됐어
- 13 퉁퉁 부었어
- 14 나 중독됐어

01 혼자 떠드는 오늘의 기분

| CHAPTER 1 N | CHAPTER 2 | CHAPTER 3 | CHAPTER 4 | CHAPTER 5 | CHAPTER 6 | CHAPTER 7 | CHAPTER 8 |

간혹 SNS에 올라오는 글을 보면 그 날 그 날의 기분에 대해 혼잣말하는 경우가 많죠? 평상시 기분에 대해 표현하는 혼잣말 멘트를 몇 가지 알아볼게요.

I am in a good mood for no reason.
이유 없이 기분이 좋아.

in a ~ mood에 기분 상태에 따라 great(너무 좋은) / awesome(최고인) / bad(안 좋은) / horrible(최악인) 등의 기분과 관련된 형용사만 바꿔 주면 돼요.

My wife put me in a bad mood.
와이프가 내 기분을 나쁘게 했어. (= 와이프 때문에 기분이 안 좋아.)

put ~ in … mood 하면 어떤 기분에 집어넣다(put)니까 기분을 좋게/나쁘게 하다라는 뜻이 되죠.

나름 열심히 했어요

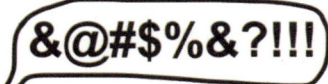

&@#$%&?!!!

I feel so lethargic today.

오늘 엄청 나른하네.

lethargic[러딸직]은 기운 없고 아무것도 하기 싫은 이라는 의미입니다.
평소 귀차니즘에 시달리는 사람들에게는 엄청 유용하겠죠? ㅋㅋ

비슷한 표현으로는
I have no energy today. 나 오늘 기운이 하나도 없어.
가 있고

반대 표현은
She is always full of energy. 걔는 항상 에너지가 넘쳐.
가 있습니다. 둘 다 한국어랑 똑같죠?

Today is off to a bad start.

오늘 아침부터 일진이 거지 같네.

off to a good/bad start는 어떤 것의 시작이 좋다/안 좋다입니다.
관용적 표현이니 그대로 외워 두세요.

02 빡친다 빡쳐

CHAPTER 1 | CHAPTER 2 | CHAPTER 3 | CHAPTER 4 | CHAPTER 5 | CHAPTER 6 | CHAPTER 7 | CHAPTER 8

가끔 진짜 화나는 일이 생길 때가 있죠?
빡침(열 받음) 게이지가 최대치로 올라갈 때의 감정은 angry로 설명하기엔 턱없이 부족합니다.
격분 상태를 전달하는 표현을 다양하게 살펴볼게요.

I am so pissed (off) right now. 나 지금 완전 빡쳤어.

미국에서 화났다고 할 때 엄청 잘 쓰는 표현이니 꼭 알아 두어야 합니다. off는 써도 되고 안 써도 돼요.
pissed는 미국에서와 달리 영국에서는 drunk라는 뜻이니 구분해서 쓰세요.

I am furious at my mom. 나 엄마한테 완전 열 받았어.

furious는 angry보다 분노 지수가 높을 때 사용합니다. 전치사 at을 쓰는 건 angry와 같죠.

I am livid. 나 뚜껑 열렸어.

livid는 화가 많이 났을 때 쓸 수 있는 표현이에요.

When my wife heard I got fired, she was foaming at the mouth.

와이프가 내가 해고 당한 걸 듣고는 게거품을 물었어.

17

foam at the mouth는
① 몹시 아프거나 충격을 받았을 때 거품을 문다라는 의미도 있고,
② 컨트롤이 안 될 정도로 격노하다라는 비유적 의미가 있어요.

My boyfriend saw me checking his phone and he went ballistic.

내가 자기 핸드폰 보는 걸 보고는 남친이 갑자기 꼭지가 돌았어.
go ballistic은 갑자기 화를 버럭 지르다라는 의미가 있어요.

위의 상황은 이렇게 말해도 돼요.

My boyfriend went berserk.

남친이 격분했어.
go berserk는 정말 화가 극에 달할 때 쓰는 표현이에요.

MMORPG 게임에서 '버서커'라고 많이 하죠?
광분하여 극한의 육체에 도달하는 이 상태를 생각하면 외우기 쉬울 겁니다.
미국에서는 [버절크]라고 발음해요.

여친을 보고 버서커가 되었습니다.

03 스트레스 받아

| CHAPTER 1 N | CHAPTER 2 | CHAPTER 3 | CHAPTER 4 | CHAPTER 5 | CHAPTER 6 | CHAPTER 7 | CHAPTER 8 |

스트레스는 모든 현대인들의 고질적인 증상으로,
일상 생활에서 절대로 빼놓을 수 없는 별표 10개짜리 단어예요.
스트레스와 관련된 표현을 형용사, 명사, 동사 형태로 다양하게 알아보겠습니다!

형용사

I am so stressed. I need to rest.

나 너무 스트레스 받았어. 쉬어야겠어.

여기서는 스트레스 수치를 **강조**하기 위해 **so**를 붙였는데, 아래 문장처럼 **out**으로 강조해도 된답니다.

I am stressed out. I just want to go home.

나 스트레스 왕창 받았어. 그냥 집에 가고 싶어.

아래 문장처럼 동사 get을 쓸 수도 있어요.

I get stressed at work because of my boss.

상사 때문에 회사에서 스트레스 받아.

> **문법 알고 가기**
>
> **am**(be 동사)과 **get**(일반 동사)이 똑같이 쓰이는 것 같아 헷갈리나요?
>
> **be 동사**는 스트레스를 **이미 받은 상태**, **get**은 **스트레스를 받는 동작**이라고 생각하면 됩니다.

You look stressed.
Why don't you take a break?
너 스트레스 받아 보여. 좀 쉬는 게 어때?

명사

My mom gives me lots of stress.
엄마가 스트레스를 많이 줘. (= 엄마 때문에 스트레스를 많이 받아.)

My husband has been under a lot of stress since he got promoted.
우리 신랑은 승진한 이후로 스트레스를 엄청 받고 있어.

동사

You are stressing me out!
너 때문에 지금 스트레스 왕창 받고 있어!

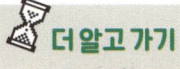

더 알고 가기

stressed와 stressful은 헷갈리기 쉬운데, 완전히 다른 의미예요.
stressful은 스트레스를 주는 대상에게 쓰는 거거든요.
예) Writing a thesis is very stressful.
논문을 쓰는 것은 매우 스트레스 쌓이는 일이다.

ful이 '가득한'이라는 접미사이므로, 스트레스로 가득한이라는 뜻입니다.

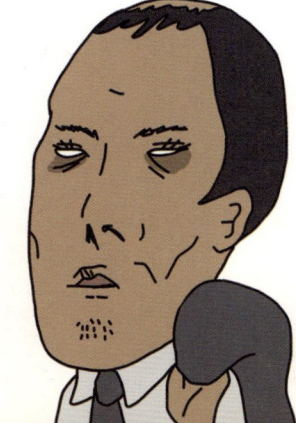

암 걸릴 것 같아

04 나 심심해

CHAPTER 1 N | CHAPTER 2 | CHAPTER 3 | CHAPTER 4 | CHAPTER 5 | CHAPTER 6 | CHAPTER 7 | CHAPTER 8

가끔 너무 심심해서 미칠 것 같은 때가 있죠.
회사에 일은 없는데 집에도 못 갈 때나, 주말에 약속도 없고 할 일도 없을 때…
이런 상황에서 사용할 수 있는 표현을 배워 볼게요.

I am bored to death. 심심해서 죽을 것 같아.

~to death는 ~해서 죽을 것 같다라는 한국어랑 똑같죠?

I am bored out of my mind.

심심해서 돌아버리겠어.

out of one's mind에는 미치다, 돌다라는 의미가 있어요.
그러니까 bored 뒤에 붙이면 심심해서 돌아버리겠다가 되죠.

심심함이 극한 경지에 이르면 혼이 육신을 이탈하고
육신은 갈 곳을 잃은 채 집구석을 뒹구는 지경이 됩니다.

I laid around the house all day.

나 하루 종일 집에서 뒹굴거렸어.

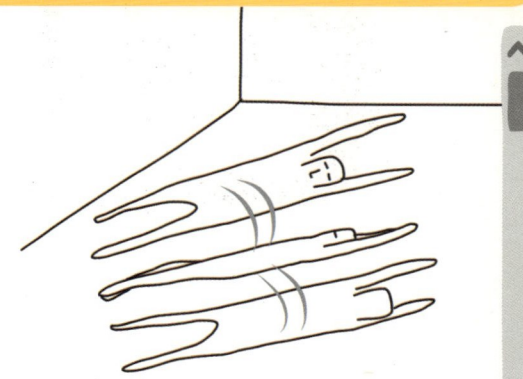

🔍 더 알고 가기

사실 lay(laid의 현재형, '눕히다')는 목적어가 필요한 타동사입니다.

그런데 여기의 laid는 미국 사람들도 자동사 lie('눕다')와 lay를 자주 혼동하여 아예 lay를 쓴 것이 하나의 표현으로 자리 잡은 거랍니다.

원칙적인 문법과는 엄연히 다르지만 언어는 대다수의 사용자를 따라 변화하니까 반드시 알아두세요!

21

lay around를 직역하면 집 주변에 눕다,
즉 아무것도 안 하고 그냥 시간을 보냈다는 뜻입니다.

심심할 땐 시간도 미친듯이 안 가는 법입니다.
중요하지 않은 일로 그저 시간을 보내고 있을 때,
이럴 때 쓰기 유용한 시간을 때우다라는 말은 영어로 뭐라고 할까요?

I have to kill 3 hours until the next class.

다음 수업까지 3시간 때워야 해.

우리말로도 시간을 죽이다라는 표현을 쓰니 완전 똑같죠?

> **더 알고 가기**
>
> 반대의 표현으로 시간을 벌다가 있는데, 이것도 한국어 표현과 정말 비슷해요!
>
> (예) She tried to buy time by saying she felt sick.
> 그녀는 아프다고 하며 시간을 벌려고 했다.

05 날씨가 구려

| CHAPTER 1 N | CHAPTER 2 | CHAPTER 3 | CHAPTER 4 | CHAPTER 5 | CHAPTER 6 | CHAPTER 7 | CHAPTER 8 |

계절이 바뀌거나 날씨가 범상치 않은 조짐을 보일 때마다
여기 저기서 날씨 이야기가 봇물 터지듯 쏟아져 나오죠.
사실 감탄보다는 불평이 많은데, 이 중 몇 가지를 알아보겠습니다.

It rained like crazy.
I am now soaking wet.

비가 미친 듯 왔어. 나 지금 홀딱 젖었어.

그냥 wet이라고 해도 되지만 한국어에서 홀딱으로 의미를 강조하듯이
soaking을 앞에 붙여 강조해요. 통으로 외워 두면 유용하답니다.

I left my umbrella on the bus. Darn it!
It's pouring.

우산을 버스에 두고 내렸어. 젠장! 비가 쏟아지고 있는데.

동사 leave에는 깜박하고 두고 오다라는 뜻이 있습니다.
그리고 pour는 퍼붓다, 쏟아지다라는 의미로, 비가 엄청 많이 올 때 쓰는 표현이에요.

 **더 알고 가기**

darn은 damn이 약간 순화된 표현이에요. 엄청 파증이
나는데 너무 욕쟁이로 보이고 싶지 않으면 darn을 쓰면 돼요.

It's freezing cold today.

오늘 입 돌아가게 춥다.

freezing은 cold보다 더 추울 때 잘 쓰는 표현이에요. 직역하면 얼어붙게 춥다이니까 한국어의 입 돌아가게 춥다와 비슷하다고 생각하면 됩니다. 순화하면 엄청 춥다 정도가 되겠죠?

My hands are cold.
I forgot my gloves today.

손 시리다. 오늘 장갑을 깜빡하고 안 가져왔어.

시리다를 어렵게 생각하는 경우가 많은데 영어에선 그냥 cold라고 합니다. (어떤 것을 가져오려고 했는데) 까먹었다라는 표현에는 forget 하나만 써 주면 만사 해결이고요.

06 친구와 약속 잡기

CHAPTER 1 N | CHAPTER 2 | CHAPTER 3 | CHAPTER 4 | CHAPTER 5 | CHAPTER 6 | CHAPTER 7 | CHAPTER 8

친구들과 만나기로 약속을 잡을 때가 있죠? 이때 유용한 표현들을 배워 보겠습니다.

Does Tuesday 4 pm work for you?
너 화요일 오후 4시 괜찮니?

Is this weekend good for you?
너 이번 주말 괜찮니?

How does Saturday morning sound to you?
토요일 아침 어때?

Are you available next week?
다음 주는 시간 되니?

Can you make it to Seoul Station by 9?
서울역에 9시까지 올 수 있어?

make it에는 ~에 가까스로 늦지 않고 도착하다라는 의미가 있어요.
이번에는 약속한 사람이 연락이 안 되는 상황에서 필요한 표현을 알아볼게요.

I cannot reach Erin. Is she busy?

에린이 연락이 안 돼. 걔 바빠?

reach는 ~에 닿다, 다다르다인데 친구에게 닿다,
즉 (이메일, 전화, 문자 등으로) 연락이 되다라는 뜻입니다.

I cannot get a hold of my boyfriend.

남친이 연락이 안 돼.

get a hold of는 좀 생소할 수 있지만 실제로는 엄청 자주 쓰는 표현입니다.

My boyfriend is not picking up the phone.

남친이 전화를 안 받아.

pick up the phone(전화를 받다), 클래식한 표현이죠? ㅎㅎ

다른 표현을 좀 더 보죠.

Are you on your way?

오고 있는 거야?

How much longer do you think it will take?

얼마나 더 걸릴 것 같은데?

이런 말 하게 만드는 사람들 정말 싫어요. -_-; 우리 모두 약속 시간 잘 지킵시다~

07 빈손으로 와

CHAPTER 1 N | CHAPTER 2 | CHAPTER 3 | CHAPTER 4 | CHAPTER 5 | CHAPTER 6 | CHAPTER 7 | CHAPTER 8

친구들을 자취방이나 집에 초대하는 경우가 종종 있죠?
이때 사용할 수 있는 표현을 제대로 알아보고 갑시다.

I am having a party this Saturday. Will you come?

이번 토요일에 파티 할 건데, 올래?
파티하다라는 표현에는 have a party 를 써요.

I am throwing a surprise party for my roommate.

룸메(이트)를 위해 서프라이즈 파티를 열 거야.
(파티를) 열다라는 말은 open이 아니고 throw를 씁니다.
'파티를 던진다'라니, 웃기죠?

> 📄 **문법 알고 가기**
>
> 위의 두 문장에서 미래를 말하는데 현재진행형이 쓰여서 이상해 보일 수 있어요. 영어에서는 가까운 미래에 이렇게 현재 진행형을 매우 자주 써요.

친구를 초대했다면 다음처럼 말할 수 있어요.

Don't bring anything.
아무것도 가져오지 마.

You are welcome to come empty-handed.
빈손으로 와도 돼.

한국어랑 똑같죠? 이렇게 말하면 그림처럼 친구가 정말 몸만 달랑 올 수 있으니 주의하세요. 파티 음식이 부족한 경우에는 공손하고 강압적이지 않게 뭐 좀 가져오라고 부탁할 수 있죠.

If you could bring some drinks, that would be great.
마실 것 좀 가져와 주면 좋겠다.

Can you stop by a convenience store and pick up some fruit?
편의점 들려서 과일 좀 사 올 수 있어?

pick up은 집어 들다 말고도 가게에서 무엇을 사다라는 의미가 있어요. 일상생활에서 잘 쓰니 꼭 알아 두세요.

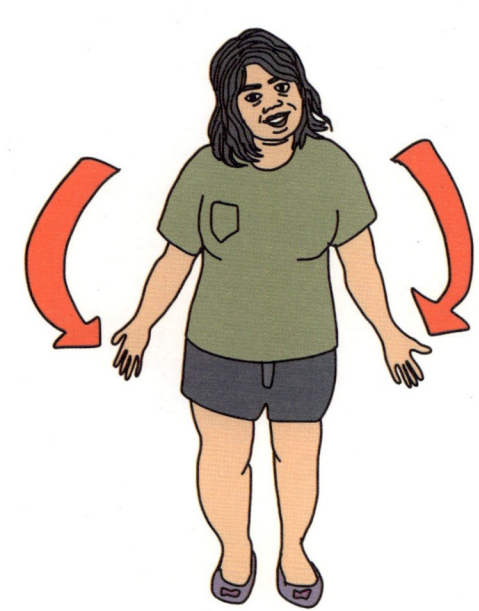

08 허세와 오글거림

| CHAPTER 1 N | CHAPTER 2 | CHAPTER 3 | CHAPTER 4 | CHAPTER 5 | CHAPTER 6 | CHAPTER 7 | CHAPTER 8 |

다양한 SNS를 보다 보면 오글거리는 글이나 사진이 많아 괴로운 경우가 많습니다.

Her Facebook posts make me cringe.
걔가 페북(페이스북)에 올리는 글 보면 손발이 오글거려.

cringe는 허세 등으로 상대방을 오글거리게 할 때 쓰는 표현입니다.
cringe는 활용이 다양하여 **공포를 느낄 때, 본인의 멍청한 짓에 스스로 창피함을 느낄 때** 등에도 사용되므로 알아 두세요.

'허세' 하면 또 다음 같은 종류의 사람을 빼놓을 수 없죠!
괜히 유명한 사람을 아는 척하며 오버하는 행각을 가리키는 표현을 알아볼까요?

He name-drops all the time.
걔는 항상 모두를 아는 사람인 척하면서 허세질이야.

name-drop을 직역하면 이름을 떨어뜨리다로, 대화 중에 유명 인사나 유명 기관의 이름을 필요 이상으로 언급해서 인맥을 과시하고 남들에게 잘난 사람으로 보이려는 거예요.

> **문화 알고 가기**
> SNS가 콩글리시라는 거 알고 계셨나요? SNS라고 말하면 미국 사람들은 아무도 못 알아들어요. **social media**라고 하거나 **각 매체의 이름** (Facebook, Twitter, Instagram 등)을 직접 말하면 됩니다.

만약에 그런 말들이 사실이 아니라면 다음과 같이 말할 수 있죠.

He pretended to know Bill Gates personally.

걔는 빌 게이츠와 개인적 친분이 있는 척했어.

He talks as if he has a lot of connections in the fashion industry.

걔는 자기가 패션 업계에 연줄이 많은 것처럼 얘기해.

connection의 **연결**이라는 의미는 이미 알고 있죠?
위와 같은 맥락에서 **복수**로 쓰면
친분이 있어 취직, 사업 등에 나를 도와줄 수 있는 **연줄**, **인맥**을 뜻합니다.
보통은 높은 지위의 힘 있는 사람을 두고 많이 얘기한답니다.

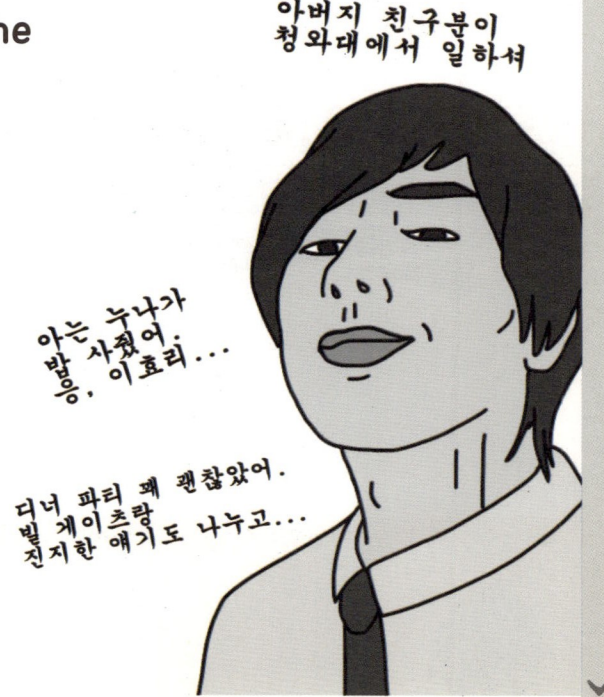

09 자뻑 (자아도취)

CHAPTER 1 | CHAPTER 2 | CHAPTER 3 | CHAPTER 4 | CHAPTER 5 | CHAPTER 6 | CHAPTER 7 | CHAPTER 8

인터넷을 둘러보면 자기 자신에게 도취된 사람들이 올린 사진이나 글이 넘쳐나 손발이 오글거려서 펴질 새가 없습니다.

자신이 잘났다고 생각하는 **자뻑** 증상을 두고 영어에서는 **narcissism[날씨씨즘]**이라고 하죠. 물에 비친 자신의 모습에 반해 물가를 떠나지 못하고 생을 마감한 그리스 신화 주인공 **나르키소스**에서 나온 단어예요.

한국말로는 보통 **나르시즘**이라고 많이들 말하는데, 영어에서는 narcism보다 **narcissism**이 훨씬 많이 쓰이니 철자와 발음에 유의하세요!

Lots of people on Facebook are narcissists.
Lots of people on Facebook are narcissistic.

페이스북을 하는 많은 사람들은 자뻑 환자야.

'자뻑'에 대한 표현은 위 문장처럼 **명사(narcissist)**로도 쓸 수 있고, **형용사(narcissistic)**로도 쓸 수 있어요.

31

Fan: You look so handsome!
팬: 오빠 진짜 잘생겼어요!

Celebrity: I get that a lot! (= I hear that a lot!)
연예인: 내가 그런 소릴 자주 듣지!

저렇게 칭찬을 당연하게 생각하는 사람들을 보면
불에 구워지는 오징어마냥 손발이 마구 오그라듭니다.
오글 대사 한 개만 더 배워 볼게요.

People say that a lot about me.
사람들이 나에 대해서 그런 말을 많이들 하지.

이렇게 자뻑이 지나친 사람들을 두고 우린 뒷담화를 하지요.

He thinks he is sexy.
걘 자기가 섹시한 줄 알아.

여기서의 **he**는 둘 다 왕자병 환자 **한 사람을 지칭**합니다.
'자기'라는 말이 들어갔다고 해서 **self** 같은 단어를 집어넣으면 안 돼요!

10 셀카와 포샵

CHAPTER 1 | **CHAPTER 2** | **CHAPTER 3** | **CHAPTER 4** | **CHAPTER 5** | **CHAPTER 6** | **CHAPTER 7** | **CHAPTER 8**

앞 장에서 자뻑(자아도취)에 대해 다뤄 봤는데, 자뻑하면 또 셀카(셀프 카메라)를 빼놓을 수 없죠!
셀카는 영어로 뭐라고 할까요?

Tom takes selfies everywhere he goes.
톰은 가는 데마다 셀카를 찍어.

셀카가 우리말에서 **신조어**인 것처럼, 영어의 **selfie**도 마찬가지예요.
take a picture(사진 찍다)의 **take**를 동사로 쓰되,
picture 대신 **selfie**를 쓰면 됩니다. 발음은 [셀피].

온갖 방법으로 구도와 포즈를 잡고 찍었는데도 사진이 성에 안 차면 '후 작업',
즉 **포샵**(포토샵) 작업을 해야죠.

All of her bikini pictures are photoshopped.
걔 비키니 사진 다 포샵한 거야.

She always photoshops her pictures.
걔는 맨날 자기 사진 포샵해.

33 **포샵**이 포토샵을 사용하여 사진을 보정하는 것을 말하는 신조어이듯이,
영어에서는 **photoshop**을 동사로 써서 **(사진을) 보정하다**, **포샵 처리하다**라고 써요.

셀카(selfie)를 보고 미남/미녀인 줄 알았는데
실제로 보니 완전히 다른 사람이었던 이들을 두고 이렇게 말하죠.

He looks terrible in person.
He looks really bad in real life.
걔 실물은 최악이야.

in person, **in real life**는 만나서 보면, 실제로 보면이라는 뜻이에요.
이와 반대로, 실물은 괜찮은데 사진이 유독 이상하게 나온 경우를 두고는 다음과 같이 말해요.

This picture doesn't do her justice.
이 사진 잘 안 나왔어.

직역하면 **이 사진은 그녀에게 공정하지 않다**로, **실물보다 못 나온 사진**이라는 뜻입니다.

사진

실물

11 자신감, 바닥을 치다

| CHAPTER 1 N | CHAPTER 2 | CHAPTER 3 | CHAPTER 4 | CHAPTER 5 | CHAPTER 6 | CHAPTER 7 | CHAPTER 8 |

이번에는 비주얼이 우월한 사람에 대해 얘기할 때 잘 나오는 표현을 다뤄 보겠습니다.

A: **Suji is a looker.** 수지는 정말 예뻐.

B: **She is not that pretty.** 걔 그렇게 안 예뻐.

보통 부정문에서 형용사나 부사 앞에 **that**을 쓰면
그렇게, 그다지라는 의미가 있습니다.
교과서에서는 잘 가르쳐 주지 않지만 실생활에서 엄청 잘 쓰는 용법이니 반드시 알아두세요.

미인이라고 생각했던 수지에 대한 의외의 평가에 놀란 친구가 이렇게 말합니다.

If she is not pretty, what does that make me?
수지가 안 예쁘면, 나는 뭐냐?

what does that make ~? 는 직역하면
그것은 ~를 뭘로 만드냐? 이니까 그러면 ~는 뭐가 되냐? 라는 의미입니다.

35 이 와중에 남이 뭐라고 하지도 않았는데
괜히 혼자 **창피해 하고 남의 시선을 의식하는 사람**을 두고 다음과 같이 말합니다.

My friend is self-conscious about his Korean accent when speaking English.

내 친구는 영어로 말할 때 자기 한국식 발음을 창피해하며 의식해.

self-conscious[셀프 컨셔스]는 직역하면 자신-의식하는으로,
자신에 대해 자신감 없어 하면서 다른 사람의 시선을 의식한다는 의미입니다.
우리말과 똑같죠?

예문을 하나만 더 살펴봅시다.

I felt a bit self-conscious parking my old car at the hotel.

차가 낡아서 호텔에 주차할 때 남을 좀 의식했어.

이렇게 남을 의식하는 사람들은 보통 자존감이 낮은데요.
자존감을 영어에선 아래와 같이 표현해요.

She has low self-esteem. 걔는 자존감이 낮아.

12 돼지가 됐어

CHAPTER 1 N | CHAPTER 2 | CHAPTER 3 | CHAPTER 4 | CHAPTER 5 | CHAPTER 6 | CHAPTER 7 | CHAPTER 8

인터넷을 보면 '살쪘어', '살 빼야겠다' 등 살찐 몸에 대한 사연들이 끊임없이 올라오죠. 이번에는 살과 다이어트에 관련된 유용한 표현을 배워 보겠습니다.

I gained weight.
I put on weight.
나 살쪘어.

gain weight → 몸무게를 얻다 → 살피다이니 해석이 쉬운데, '옷을 입다'로 알고 있는 put on이 왜 살이 피다일까요? 이유는 나도 몰라! 하지만 돼지 의상을 입어 돼지가 된 그림을 보면 '살피다' 의미가 잊혀지지 않을 거예요.

I weighed myself today but I realized my weight stays the same. I thought I worked out hard.
오늘 몸무게를 쟀는데, 몸무게 변화가 없어. 열심히 운동했다고 생각했는데.

아무리 운동을 해도 온몸에 탑재된 지방이 사라지지 않는 이유는 먹을 걸 줄이지 않았기 때문이죠.

> **문법 알고 가기**
>
> 몸무게 weight은 불가산 명사이므로 s를 붙이지 마세요.
> 가산 명사로 만들면 운동 기구인 아령, 덤벨, 바벨이 되어 버립니다.
>
> (예) I have been lifting weights since I was 20.
> 난 스무 살 때부터 웨이트 리프팅했어.

나 살쪘어...

Why don't you cut back on carbs?

탄수화물 음식을 줄여 보는 건 어때?

cut back on은 **줄이다**라는 뜻이랍니다.
carbs는 **탄수화물(carbohydrate)이 많은 빵, 밥 같은 음식**으로, 보통 **복수**로 쓰여요.

I am planning to hold off on eating rice for a while.

밥을 당분간 안 먹을 계획이야.

hold off on은 어떤 것을 **미루다**, **지연하다**라는 뜻으로,
어떤 일을 당분간은 하지 않고 있다가 때가 되면 하겠다는 의미입니다.

덜 먹는데도 효과가 없다면 방법은 단 하나뿐!

I fast every other week to lose weight.

나 살 빼려고 2주에 한 번씩 단식해.

'빠른'으로만 알고 있던 **fast**가 **동사**로 쓰이면 **단식하다**라는 의미가 됩니다.
외우기 어렵다고 당황하지 말고 **'살을 가장 fast하게 빼려면 fast하자!'**라고
외우면 쉽겠죠?

13 퉁퉁 부었어

CHAPTER 1 | CHAPTER 2 | CHAPTER 3 | CHAPTER 4 | CHAPTER 5 | CHAPTER 6 | CHAPTER 7 | CHAPTER 8

라면과 같은 짠 음식을 먹고 자면 얼굴이 부어 굉장히 추해집니다.
이번에는 붓는 현상과 이로 인한 참사에 관한 표현을 배워 볼게요.

My face is so puffy. I shouldn't have had ramen right before going to bed.
얼굴이 엄청 부었어. 자기 직전에 라면을 먹으면 안 되는 거였는데.

형용사 puffy 가 너무 생소하게 느껴지면, cream puff (슈크림 빵)을 생각하세요.
빵을 부풀어 오르도록 만든 것이니, 연관 지어 외우면 쉽죠?

다음과 같은 경우에 써도 됩니다.
Her eyes are puffy from crying.
걔 울어서 눈이 부었어.

소화가 안 돼서 가스가 차거나 퉁퉁 부을 때가 있죠? 이럴 때 아래 표현을 잘 씁니다.
I am super bloated. I can't go out today.
나 완전 부었어. 오늘 못 나가.

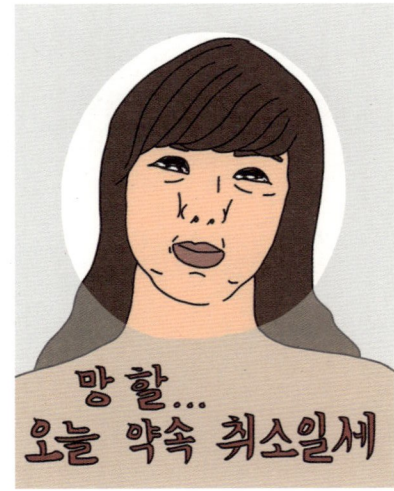

붓기(bloating)의 정도가 심해지면 패션을 포기해야 하는 암울한 상황까지 갑니다. 이런 경우에 쓰는 표현을 알아볼게요.

Nothing fits.
아무것도 안 맞아.

I cannot fit into my pants.
바지가 안 들어가.

I cannot zip up my pants.
바지 지퍼가 안 잠겨.

I cannot button my shirt.
셔츠 단추가 안 잠겨.

안 잠기는 단추를 무식하게 끼워 넣다간 **단추가 튕겨져 나가는** 불상사도 발생하죠.

A button fell off.
단추가 떨어졌어.

fall off는 단추가 그냥 위에서 아래로 떨어진 게 아니라 셔츠에 붙어 있다가 **떨어져 나온** 것이기 때문에 **떼어지다**라는 의미가 포함된 **off**가 붙은 거예요.

14 나 중독됐어

| CHAPTER 1 N | CHAPTER 2 | CHAPTER 3 | CHAPTER 4 | CHAPTER 5 | CHAPTER 6 | CHAPTER 7 | CHAPTER 8 |

커피, 담배, 스마트 폰, 게임 등 요즘은 누구나 중독 하나씩은 달고 사는 것 같아요. 그래서 이번에 배우는 표현은 특히 더 와 닿을 거예요. ^^

I am addicted to coffee and cigarettes.

나 커피랑 담배에 중독됐어.

전치사 to를 주의하세요. addicted[어딕티드]의 발음도 중요해요! 왜냐하면…

I am a coffee addict.

나 커피 중독자야.

명사형 addict[애딕트]의 발음과 강세가 addicted와는 다르기 때문이죠.

Caffeine is so addictive.

카페인은 엄청 중독적이야.

발음 얘기가 나온 김에 형용사형 addictive[어딕티브]의 발음도 알아 둡시다.
caffeine[캐핀]의 발음도 '카페인'이 아니란 점 반드시 알아 두세요.

중독 수준일 정도로 어떤 것을 매우 좋아할 때에는 아래와 같이 표현할 수도 있어요.

I am so into this game.
나 이 게임에 완전 빠졌어.

I am obsessed with this game.
이 게임에 완전 꽂혔어.

be obsessed는 마음이 사로잡히다, 집착하다라는 의미로,
중독과 비슷하게 쓸 수 있습니다.
중독의 정도가 심해지면 이런 표현도 써요.

I got hooked on this game. 이 게임에 완전 중독됐어.

후크(hook)에 걸려 아무리 발버둥쳐도 빠져나갈 수 없는 모습을 상상하며 외워 보세요.
중독이 심해지면 끊을 준비를 해야죠. 끊다는 영어로 뭐라고 할까요?

I quit caffeinated drinks.
I quit drinking caffeinated drinks.
나 카페인 음료 (마시는 거) 끊었어.

영어 중독자 두껍의
진짜
미쿡영어

CHAPTER 2
세상아 싸우자

01 욕하다
02 입이 더러워
03 디스(diss)하다
04 뒷담화하기
05 따지다
06 흔한 말다툼
07 너는 누구 편이야?
08 참견쟁이
09 지지고 볶고
10 넌 호구야
11 내가 동네북이야
12 홧김에 한 말
13 사과해라
14 진짜라니까
15 왜 내 문자 씹어?
16 우리 인연은 여기까지

01 욕하다

| CHAPTER 1 | CHAPTER 2 N | CHAPTER 3 | CHAPTER 4 | CHAPTER 5 | CHAPTER 6 | CHAPTER 7 | CHAPTER 8 |

이번 챕터는 사람과 사람 사이의 싸움을 다룰 건데, 싸움에선 욕을 빼놓을 수 없겠죠?
그래서 챕터의 첫 장을 욕에 대한 내용으로 시작하려 합니다.
욕을 하기 위해서 배우는 게 아니라 당하지 않기 위해서 배워 두는 거, 아시죠? ㅎㅎ

먼저, 욕이라는 **명사**는 영어로 뭘까요?

My friend uses a lot of cuss words/curse words/ swear words.

내 친구는 욕을 많이 한다.

cuss word, curse word, swear word 이 세 가지 모두 욕이라는 뜻이에요.
curse와 swear는 단어장에서 외웠던 기억이 날 거예요. 반면에 cuss는 좀 생소하죠?
의외로 일상생활에선 이 단어가 가장 많이 들릴 테니 꼭 알아 두세요!

그러면 욕하다라는 **동사**는 뭘까요?

Don't cuss/curse/swear at me.

나한테 욕하지 마.

curse는 학교에서 **저주하다**라고 배웠을 거예요.
욕하다와 쓰임이 어떻게 다른지 알아보죠.

The fortuneteller cursed me.
점쟁이가 날 저주했어.
The fortuneteller cursed at me.
점쟁이가 나한테 욕을 했어.

at의 유무에 따라 의미가 달라진다는 것 꼭 명심하세요!

swear는 자주 들었던 **맹세하다**라는 의미와 똑같은 형태로 쓰이므로 문맥에서 뜻을 캐치해야 해요.

I swear. I didn't steal your money.
맹세해. 네 돈 안 훔쳤어.
My sister was swearing under her breath all day.
우리 누나가 하루 종일 중얼중얼 욕을 했어.

02 입이 더러워

| CHAPTER 1 | CHAPTER 2 | CHAPTER 3 | CHAPTER 4 | CHAPTER 5 | CHAPTER 6 | CHAPTER 7 | CHAPTER 8 |

그럼 이제 실제로 쓰이는 욕에는 어떤 것이 있는지 알아봐야겠죠?
여기서 빠질 수 없는 단어가 바로, **the f-word**!!

이 표현은 **fuck**이라는 단어를 의미하는데, 욕 중에 가장 심한 욕이기 때문에 차마 대놓고 말하지 못하고 **f-word**라고 순화하여 부르죠.
굳이 한국어에서 비슷한 걸 찾자면 **쌍시옷 들어가는 단어** 정도가 됩니다.

I don't like it when my boyfriend uses the f-word.
난 남친이 f가 들어간 그 단어를 쓰는 게 싫어.

f-word 말고 좀 더 대놓고 쓰고 싶으면 **별표(*)**로 군데군데 가려주면 돼요.

That f*cking guy took my girlfriend.
그 씨X놈이 내 여친을 채갔어.

She is such a b*tch.
그 여자 진짜 미친X이야.

47 별표 말고도 **약자**로도 욕 수위를 낮출 수 있어요.
한국어에서 ㅂㅅ, ㅈㄹ 등의 자음만으로 표현하는 것과 비슷해요.

That S.O.B. betrayed me!

그 개X끼가 날 배신했어!

s.o.b.는 son of a bitch(개새끼)의 약자입니다. 말로 할 때는 [에쓰 오 비]라고 발음하면 되고요.

He said he doesn't owe me money? That's B.S.

걔가 나한테 꾼 돈이 없다고 했다고? 개뻥 치고 있네.

B.S.는 bullshit의 약자이고, 헛소리, 뻥을 뜻하는 말이에요.

욕을 잘하는 사람에게는 이렇게 말할 수 있어요.

He has a foul mouth. 걔는 입이 더러워.

foul의 1차적 의미는 악취가 날 정도로 굉장히 더러운이니
우리가 흔히 말하는 입이 더럽다와 똑같죠?

조금 더 고급진 표현도 한 번 보죠.

He uses vulgar language.

걔는 말이 상스러워.

03 디스(diss)하다

| CHAPTER 1 | CHAPTER 2 | CHAPTER 3 | CHAPTER 4 | CHAPTER 5 | CHAPTER 6 | CHAPTER 7 | CHAPTER 8 |

누구를 얕잡아서 비방할 때 디스라는 말을 잘 쓰죠?
이 말은 영어에서 온 건데 disrespect의 준말로, diss 또는 dis라고 씁니다.
흑인 랩에서 시작했다고 하고, 의미는 상대방을 욕하다, 비하 발언을 하다예요.

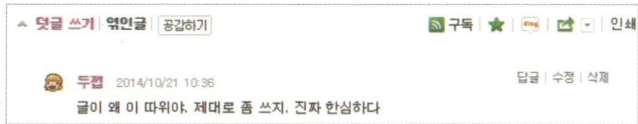

Somebody dissed me in the comment section of my blog.
누가 내 블로그에서 댓글로 날 디스했어.

dis/diss는 캐주얼한 표현이에요.
친구들과는 써도 상관없지만 격식을 차려야 하는 사람 앞에서는 disrespect로만 쓰세요.

disrespect는 글이나 말 이외에 남에게 무례하고 모욕감을 주는 행동에도 쓸 수 있습니다.

My friend disrespected my mom by not eating the food she made for him.
내 친구는 우리 엄마가 만들어 준 음식을 안 먹는 무례한 행동을 했어.

49

이럴 때 빠질 수 없는 표현은 바로 **call (someone) names**입니다.
우리말로 직역하면 '어떤 사람을 이름으로 부르다'인데,
여기에서의 **names**는 멍충이, 뚱땡이와 같이 사람을 비하하여 지칭하는 단어를 뜻합니다.

A: **Are you eating again, pig?** 돼지야, 너 또 먹냐?
B: **Don't call me names!** 그런 식으로 부르지 마!

의역했지만 어떤 의미인지 이해가 가죠? 예문을 하나 더 볼게요.

My brother is so mean. He always calls me names.
우리 오빠 진짜 못됐어. 항상 나를 모욕적인 별명으로 불러.

디스는 상대방의 마음에 상처를 줍니다.
그러니 디스(dis) 말고 **디그(dig)** 하세요. dig에는 like라는 뜻이 있거든요!

I think she really digs you.
걔가 널 진짜 좋아하는 것 같아.

04 뒷담화하기

| CHAPTER 1 | CHAPTER 2  | CHAPTER 3 | CHAPTER 4 | CHAPTER 5 | CHAPTER 6 | CHAPTER 7 | CHAPTER 8 |

안타깝게도 사람들이 여럿 있는 곳에서는 뒷담화와 헐뜯기가 필연적으로 발생하기 마련입니다. 이와 관련된 여러 가지 표현을 알아 두면 많은 도움이 될 거예요.

My best friend talked behind my back.

내 절친이 내 뒷담화를 했어.

talk behind my back을 직역하면 내 등 뒤에서 얘기를 하다니까 뒷담화하다라는 뜻입니다.

Jake bad-mouthed you.

제이크가 네 욕했어.

bad mouth를 직역하면 나쁜 입인데,
동사로 써서 나쁜 입을 놀리다, 즉 험담을 하다라는 뜻이 돼요.

I heard you were talking shit about me.

니가 나 씹었다며?

talk shit about ~은 ~를 씹다라는 뜻의 속된 표현입니다.
shit은 '똥'이라는 의미지만 '똥'과는 달리 욕으로 많이 쓰이니까 가려서 말하세요.

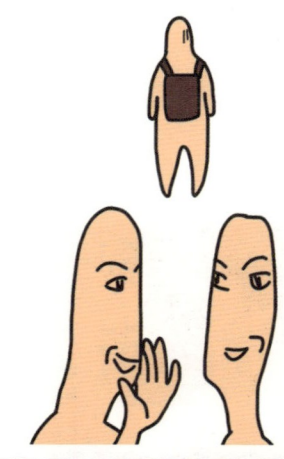

shit을 쓰지 않으려면 같은 의미를 지녔지만 욕설의 수준이 낮은 **crap**을 쓸 수도 있어요.

Everybody talks crap about her.
다들 걔 욕해.

이제 욕이 들어가지 않은 수준 있는 표현도 알아보도록 하죠!

I've never spoken ill of you.
너에 대해 험담한 적 절대 없어.

ill은 **아픈**이라는 뜻 말고 **나쁘게**라는 뜻도 있어요.

너무 부정적인 표현만 배운 것 같아 멘탈에 먹구름이 낄 듯하네요.
정반대의 표현을 하나 짚어보며 마무리를 하죠.

Your coworker spoke highly of you.
네 동료가 너에 대해 좋게 얘기했어.

05 따지다

| CHAPTER 1 | CHAPTER 2 | CHAPTER 3 | CHAPTER 4 | CHAPTER 5 | CHAPTER 6 | CHAPTER 7 | CHAPTER 8 |

누가 나를 뒤에서 헐뜯었다는 얘길 들으면 따져야겠죠?
'네가 내 욕했다면서?'라고 따지는 행동을 confrontation이라고 합니다.

I confronted the person who talked behind my back.
날 뒷담화한 사람에게 가서 따졌어.

누군가가 나에게 와서 다짜고짜 따지는데 내가 잘못한 게 아니라면 항변을 해야겠죠?

What are you talking about? 무슨 소리야?
What are you talking about?을 직역하면
너 무엇에 대해 이야기하는 거니?니까 뭔 소리 하는 거야?가 됩니다.
감정이 격해지면 다음과 같이 말할 수 있어요.

What the heck are you talking about?
도대체 무슨 소리야?

What the hell are you talking about?
무슨 헛소리야?

What the fuck are you talking about?
무슨 개소리야?

항변하는 의미로 아래와 같이 말할 수도 있습니다.
Who said that?
누가 그래?

강조도 할 수 있지요.
Who the heck/ the hell/ the fuck said that?

내가 욕한 일이 없는데 억울하게 누명을 썼다면, 다음과 같이 말하세요.

I didn't bad-mouth you. I swear on my mother's grave.
맹세컨대, 네 욕 안 했어.
자신의 결백을 주장할 때 잘 쓰는 관용적 표현입니다.
왜 다른 걸 다 놔두고 하필 어머니 무덤에 맹세를 하는지는 모르겠네요.

더 알고 가기

when, who, where, what, how, why(언제, 누가, 어디서, 무엇을, 어떻게, 왜) 뒤에 **the hell/the heck/the fuck** 등을 붙여 주면 **강조**하는 표현이 됩니다.

heck은 많이 순화된 표현인 반면, 나머지 두 개는 욕에 가까우니 주의해서 쓰세요.

* 욕의 수위: heck < hell < fuck

06 흔한 말다툼

| CHAPTER 1 | CHAPTER 2 N | CHAPTER 3 | CHAPTER 4 | CHAPTER 5 | CHAPTER 6 | CHAPTER 7 | CHAPTER 8 |

이번에는 말다툼에 매우 유용한 표현을 몇 가지 배워 보도록 하겠습니다.
얘기를 시작하기 위해 상대방에게 다음과 같이 말을 걸죠.

Can we talk?/Can we have a talk?/We need to talk.
우리 얘기 좀 하자.

(You) got a minute/second to talk?
잠깐 얘기 좀 할래?

이 문장을 우리말로 그대로 옮기면 얘기할 1분/1초 있니?니까 잠깐 얘기하자는 말입니다.

얘기를 하다가 상대방이 뭐가 찔리는지 자꾸 말을 돌리려고 하면 다음과 같이 쏘아 줄 수 있어요.

Don't change the subject.
화제 돌리지 마.

We are getting off the subject.
우린 전혀 다른 문제로 싸우고 있다고.

쉽게 이해하려면 우리가 이미 알고 있는 **get off**의 '(차에서) 내리다'의미를 떠올려 보세요.
화제에서 내리다이니 전혀 다른 문제로 말다툼이 넘어갔을 때 씁니다.

Stop beating around the bush.
Be straight with me.
돌려 말하기 좀 마. 솔직히 얘기해.

이 표현은 상대방이 알고 싶어하는 부분에 대해 계속 에둘러 말할 때 쓸 수 있어요.

A: **You said earlier that you like her.**
　걔를 좋아한다고 니가 아까 말했잖아.

B: **When did I say that?**
　Don't put words in my mouth.
　내가 언제 그랬어? 내가 하지도 않은 말 했다고 하지 마.

put words in one's mouth를 우리말로 그대로 옮기면 **단어를 입에 넣다**니까 어떤 사람이 하지 않은 말을 했다고 우길 때 사용할 수 있습니다.
단어를 억지로 입에 집어 넣는 그림을 보면 이해가 쉬울 거예요.

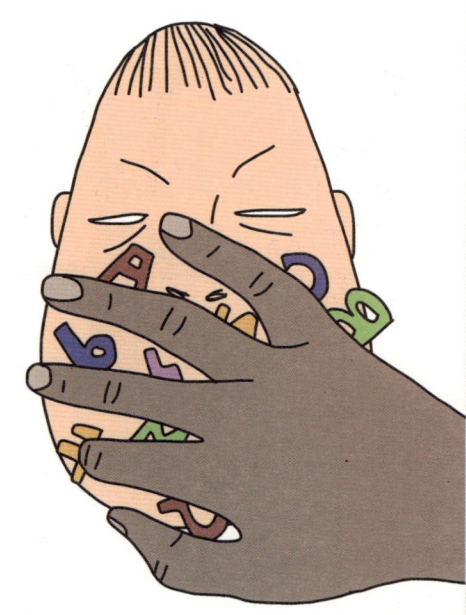

07 너는 누구 편이야?

| CHAPTER 1 | CHAPTER 2 | CHAPTER 3 | CHAPTER 4 | CHAPTER 5 | CHAPTER 6 | CHAPTER 7 | CHAPTER 8 |

싸움이 생기는 경우 중립적 위치에 있는 사람이 중간에서 곤란해지곤 하는데,
이와 같은 상황에서 쓸 수 있는 표현을 배워 볼게요.

Don't take sides! 편들지 마!
take sides는 어떤 쪽 편을 든다는 뜻이에요. 응용을 좀 해볼까요?

My boyfriend took my roommate's side.
남친이 내 룸메의 편을 들었어.

어느 줄에 섰는지 확실하지 않은 경우엔 이렇게 돌직구로 물어볼 수 있어요.
Are you on her side or my side?
너 걔 편이야 아님 내 편이야?

엉망진창 진흙탕 싸움으로 번지면 중간에서 말려 주는 사람도 있죠?
I had to break up a fight between two girls.
여자애 둘이 싸우는 걸 뜯어말려야 했어.

싸움을 break(깨다)이니 싸움을 그만두게 하다, 즉 뜯어말리다입니다.
말싸움, 몸싸움 모두에 사용할 수 있어요.

여러 싸움의 원인 중에는 누군가의 이간질을 빼놓을 수 없죠.
영어에선 이간질을 어떻게 표현할까요?

Mike drove a wedge between me and Jim.
마이크가 나와 짐을 이간질했어.
drive a wedge 라는 표현이 생소하게 느껴질 것 같아 자세히 설명해 볼게요.

먼저 wedge는 쐐기라는 뜻이고,
어떤 물건의 틈에 박아 두어 사이가 벌어지도록 하는 도구를 뜻합니다.
drive a wedge 을 직역하면 쐐기를 박다 가 되는데,
두 사람 사이의 관계에 '쐐기'를 박으면 사이가 벌어지므로 이간질하다 가 되는 거죠.
wedge가 잘 안 외워지면 potato wedges(웨지 감자)를 생각하세요.
비슷하게 생기지 않았나요? 아님 말고… ㅠㅠ

더 알고 가기
catfight은 고양이 싸움, 즉 여자들끼리 하는 싸움을 말합니다.
보통 할퀴기, 뺨 때리기, 머리채 잡기 등이 주요 스킬로 사용되며, 서로를 모욕하는 말싸움도 해당되죠.

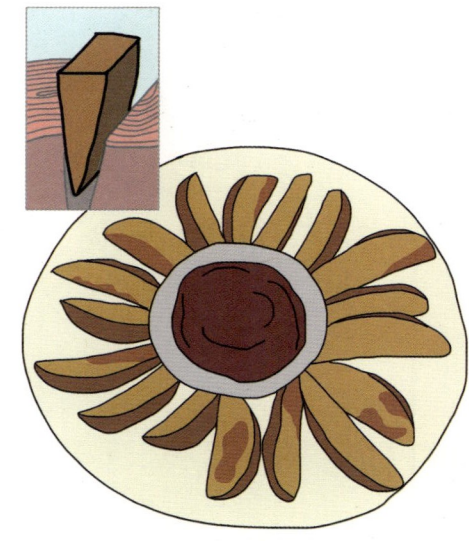

08 참견쟁이

CHAPTER 1 | CHAPTER 2 | CHAPTER 3 | CHAPTER 4 | CHAPTER 5 | CHAPTER 6 | CHAPTER 7 | CHAPTER 8

남의 사생활에 대해 쓸데없이 많은 관심을 가지며
자꾸 개인적인 질문을 하는 사람은 주변에 꼭 한 명씩 있기 마련이죠.
이렇게 무례한 사람들을 영어에서는 뭐라고 표현할까요?

My mom is nosy.

우리 엄만 남의 사생활을 너무 알려고 해.

'우리 엄마는 정말 코스럽다'라고 해석하면 안 됩니다.
nosy는 참견하기 좋아하는이라는 의미가 있어요. 그런데 왜 '코'냐고요?
참견하기 좋아하는 사람들이 여기저기 코를 들이밀며 정보를 캐내려는 모습을 상상해 보세요.

My mom always sticks her nose into other people's business.

우리 엄마는 맨날 남의 사생활에 대해 알아내려고 해.

이렇게 코를 ~에 집어넣는다라고도 표현해요. 그림을 보면 단번에 이해가 가죠?

I don't like people who are too inquisitive.
난 너무 꼬치꼬치 캐묻는 사람 싫어.

inquisitive는 이것저것 물어보며 정보를 얻어내는이라는 의미입니다.
긍정적인 맥락에서는 **탐구성/호기심이 많은**이라는 뜻이니 맥락에 따라 잘 활용하세요.

I am not trying to pry, but I need to know what happened to your family.
캐물으려는 건 아닌데, 너네 가족에게 무슨 일이 일어났는지 알아야겠어.

pry[프라이]는 무례하게 남의 사생활에 대해 알아내려 하다라는 의미입니다.
사적인 질문을 해야 하는데, 무례하고 싶지 않을 때 위의 표현을 사용하세요.

내 사생활에 대해 꼬치꼬치 묻는 사람에게는 이렇게 쏘아줄 수 있어요.

That's none of your business.
니 일 아니니까 신경 꺼.
Mind your own business!
니 할 일이나 잘 해!

09 지지고 볶고

| CHAPTER 1 | CHAPTER 2 N | CHAPTER 3 | CHAPTER 4 | CHAPTER 5 | CHAPTER 6 | CHAPTER 7 | CHAPTER 8 |

지금까지 다양한 상황에서의 말싸움의 상황에 대해 다뤄 봤는데,
실제로 말싸움이라는 단어는 영어로 뭐라고 할까요? 두 가지 표현으로 알아볼게요.

We fought last night.
We had a fight last night.
우리 어젯밤에 싸웠어.
fight는 한국어의 싸우다처럼 치고박고 몸으로 싸우는 것과 말싸움 모두에 해당됩니다.

We argued last night.
We had an argument last night.
우리 어젯밤에 말다툼을 했어.
argue는 fight와 달리 말로 하는 싸움만 해당돼요.

I haven't talked to Jack for quite a while.
We had a falling-out.
잭이랑 얘기 안 한 지 꽤 됐어. 싸우고 사이가 멀어졌어.

falling-out은 우리말로 직역하면 떨어져 나감이니까,
싸우고 나서 관계가 소원해졌다는 의미예요.

영어에서 채팅을 하거나, 메시지를 보내거나 이메일을 쓸 때
모든 문자를 대문자로 쓰는 것은 상대방에게 소리를 지르는 것과 같은 효과를 줍니다.
그러므로 정말 화가 났거나 협박성 메일을 쓰는 경우가 아니라면
문장 첫 글자와 같이 꼭 필요한 상황에서만 대문자를 쓰세요.

CAN YOU GIVE ME MY BOOK BACK?
내 책 안 돌려주고 도대체 뭐하는 거야!!!

My girlfriend bitched me out for not calling her.
자기한테 전화 안 했다고 여친이 나한테 막 뭐라고 했어.

bitch out은 상대방이 저지른 잘못을 두고
화를 내며 소리지르거나 비판한다는 의미입니다.
bitch가 비속어이기 때문에 우리말의 ~에게 지랄하다에 매우 가깝다고 할 수 있어요.

⌛ 더 알고 가기
왼쪽 표현과는 별개로, 동사 **bitch**에는
계속 불평하다라는 의미가 있어요.
일상적으로 잘 쓰므로 자주 마주치게 될 거예요.
하지만 비속어이니 가려서 쓰세요.

예) **Stop bitching!**
불평 좀 그만해라!

10 넌 호구야

| CHAPTER 1 | **CHAPTER 2** | CHAPTER 3 | CHAPTER 4 | CHAPTER 5 | CHAPTER 6 | CHAPTER 7 | CHAPTER 8 |

자신이 원하는 것을 얻기 위해 다른 사람을 이용하는 경우를 종종 볼 수 있습니다.
돈을 위해 그다지 좋아하지도 않는 이성과 사귀거나,
마음씨 좋은 친구에게 거절하기 힘든 부탁을 하는 등을 예로 들 수 있죠.

She is using you.
걔가 너 이용하는 거야.

use(이용하다)를 사용하는 게 우리말과 똑같죠? 너무 어렵게 생각할 필요가 없었네요.

She is taking advantage of you.
걔가 너 이용하는 거야.

우리말로 그대로 옮기면 너의 이로운 점을 취한다로,
상대방의 좋은 점을 쏙쏙 빼먹으며 이용하다라는 뜻입니다.

You are a pawn in her game.
She is just with you for your money.
너 걔한테 이용당하는 거야. 네 돈 때문에 너랑 사귀는 거야.

pawn은 체스 말 중에 가장 크기가 작고 제일 쓸모 없는 말입니다.
비유적으로는 타인의 목적 달성에 **이용당하는 사람**을 일컫습니다.

이렇게 매사에 이용당하는 사람에게는 옆에서 다음과 같이 조언해 줄 수 있어요.

Don't do everything you are told.
시키는 대로 다 하지 마.
You don't have to do everything she tells you to do.
걔가 하라는 대로 다 할 필요 없어.
Next time she asks you for a favor, say no.
You don't have to feel bad.
다음에 또 부탁하면 안 된다고 해. 미안해 할 필요 없어.

> **더 알고 가기**
>
> **yes man**은 하라는 대로 다 하거나 어떤 부탁이든 거절하지 않고 **다 들어주는 사람**을 일컫는 말입니다. 모든 명령 또는 부탁에 yes라고 답한다는 데에서 나온 거죠.

11 내가 동네북이냐

| CHAPTER 1 | CHAPTER 2 N | CHAPTER 3 | CHAPTER 4 | CHAPTER 5 | CHAPTER 6 | CHAPTER 7 | CHAPTER 8 |

가까운 가족이나 친구에게 친하다는 이유로 화풀이를 하는 등 함부로 구는 경우가 있는데, 이런 몹쓸 일을 당하면 참지 말고 이번 장에 담긴 표현으로 혼쭐을 내 주세요.

I know you had a bad day at work, but don't take it out on me!

회사에서 오늘 안 좋은 일이 있었던 건 알지만 나한테 화풀이하지는 마!

take it out on은 다른 데에서 화가 나고는 애먼 사람에게 화를 풀다라는 의미입니다.
take out이 '꺼내다'니까 화를 꺼내서
상대방 위(on)로 다 쏟아붓는다고 생각하면 '화풀이'와 비슷하죠.

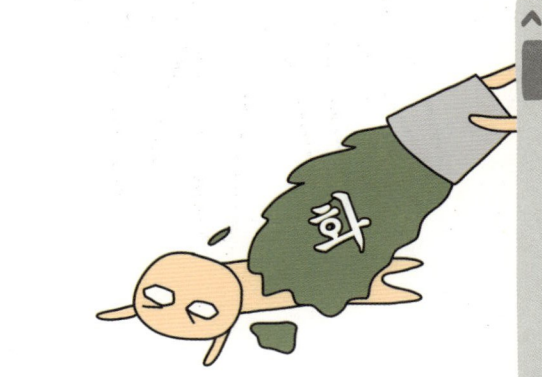

Stop yelling at me! I am not your doormat.

나한테 소리 좀 그만 질러! 내가 무슨 동네북이냐?

doormat은 신발 바닥에 묻은 흙을 털고 안으로 들어오도록 하는 매트입니다.
흙 먼지를 없애려면 이 매트를 밟아 신발을 마구 비벼 문지르잖아요.
매트처럼 사람들이 만만하게 보고 함부로 대하는 데도
별 불평 안 하고 그냥 받아들이는 사람을 비유적으로 doormat이라고 불러요.
이런 의미에서 우리말의 동네북과 유사하죠.

Don't treat me like shit. 나한테 함부로 하지 마.

treat ~ like shit을 그대로 옮기면 **~를 똥처럼 취급하다**이므로 사람을 막 대하는 것을 의미합니다.
앞에서도 말했지만 **shit**은 비속어이므로 욕설 수위를 낮추려면 **crap**으로 바꿔 쓰세요.
저속한 단어를 전혀 안 쓰려면 아래처럼 바꿔 말할 수도 있어요.

If you don't treat me right, I will find another girlfriend.
나한테 막 대하면 난 다른 여자 친구를 찾을 거야.

Just because we are close doesn't mean you can say whatever you want.
우리가 친하다고 해서 네가 하고 싶은 말을 막 해도 되는 건 아니야.

> ### 문법 알고 가기
> 위 문장을 간단히 풀어 보면 **Just because (문장 A)+doesn't mean (문장 B)**인데, (문장 A)라 하더라도 (문장 B)인 건 아니야라고 해석해 주면 돼요.
> 예) Just because I am fat doesn't mean I eat a lot.
> 뚱뚱하다고 해서 내가 많이 먹는 건 아니야.

12 홧김에 한 말

| CHAPTER 1 | CHAPTER 2 | CHAPTER 3 | CHAPTER 4 | CHAPTER 5 | CHAPTER 6 | CHAPTER 7 | CHAPTER 8 |

싸우다가 화에 북받쳐서 하지 말아야 할 말을 내뱉는 일이 있습니다.
상대방의 가슴에 못을 박고, 취소는 못하고… 이 상황에서 사용할 수 있는 표현을 배워 볼게요.

My boyfriend said hurtful things to me.
남자 친구가 나에게 상처 주는 말을 했어.
hurt는 상처, 아픔이란 뜻이고, 형용사를 만드는 -ful과 붙어 상처를 주는이 되었습니다.

He used harsh words when arguing with me.
나랑 다툴 때 심한 말을 했어.

상대방이 심한 말을 하면 아래와 같은 표현으로 따지세요.
How could you say that to me?
어떻게 니가 나한테 그런 말을 할 수 있어?
Who in their right mind would say that kind of thing to a girlfriend?
미치지 않고서야 여자 친구에게 누가 그런 말을 하니?

Take it back!
취소해!

그럼 상처 주는 말을 한 사람이 할 수 있는 말은 뭐가 있을까요?

Sorry. I said it in the heat of the moment.
미안. 홧김에 한 말이야.

순간의 뜨거움에서이니까 홧김에라는 의미로 통해요.

Sorry. It just came out.
미안. 그냥 나온 말이야.

It was a slip of the tongue.
말실수한 거야.

slip of the tongue 하면 혀의 미끄러짐이란 뜻으로, 혀가 제멋대로 미끄러져서 나온 소리, 즉 내가 의도하지 않았던 말이라는 뜻입니다.

13 사과해라

| CHAPTER 1 | CHAPTER 2 N | CHAPTER 3 | CHAPTER 4 | CHAPTER 5 | CHAPTER 6 | CHAPTER 7 | CHAPTER 8 |

나에게 잘못을 저지른 사람에게 사과를 받아내려면 영어로 뭐라고 하면 좋을까요?

Say you're sorry! / Apologize!
사과해!

간단하죠? 사과하는 입장에선 Sorry.나 I am sorry. 말고도 뭐라고 말할 수 있는지 보죠.

A: Have you checked my new Facebook posting yet?
  내가 페북에 새로 올린 거 봤니?

B: My bad. I will take a look now. 미안. 지금 볼게.
  나의 나쁜이라니, 황당하죠? 내가 한 나쁜 일 → 나의 잘못으로 생각하면 돼요.

I just saw your message. My apologies.
네 메시지 이제 확인했어. 미안.

My apologies는 I congratulate you for ~를 줄여서 Congratulations!라고 하는 것과 비슷한 맥락입니다.
Congratulations처럼 여기서의 apologies도 복수로 쓰니 꼭 그대로 외워 두세요.

(자비를 베푸소서) Have mercy

이제 우리가 이미 알고 있는 sorry와 apologize가 문장 속에서 어떻게 사용되는지 알아볼게요.

I am sorry for hurting your feelings.
I am sorry that I hurt your feelings.
I apologize for hurting your feelings.
기분을 상하게 해서 미안해.

for의 유무에 따라 뒤에 오는 말이 달라지니까 잘 알아둬야겠죠?

사과를 받은 후에는 뭐라고 대답하는 게 좋을까요?

Your apology is accepted.
Apology accepted.
네 사과를 받아들일게.

괜찮아라는 의미로 **It's okay.**라고 해도 되지만 위처럼 다양하게도 표현해 보세요.
두 번째 표현은 첫 번째의 축약형입니다.

상대의 사과로도 기분이 풀리지 않으면 다음과 같이 말해 보세요.
Saying you're sorry is not enough!
사과하면 다인 줄 알아?

14 진짜라니까

| CHAPTER 1 | CHAPTER 2 | CHAPTER 3 | CHAPTER 4 | CHAPTER 5 | CHAPTER 6 | CHAPTER 7 | CHAPTER 8 |

카톡이나 메시지 앱에서 연인과 많이들 싸우죠?
이번엔 나쁜 짓을 한 남친과 그의 여친의 대화로 여러 가지 표현을 알아보겠습니다.

I didn't kiss her. Seriously…
나 그 여자랑 키스 안 했어. 진짜라니까…

I seriously didn't kiss her.
나 진짜로 그 여자랑 키스 안 했어.

영어에서 진짜로라는 의미로 seriously를 아주 잘 써요.
위에서처럼 seriously를 단독으로 쓰며 말끝을 흐리거나,
문장 중간에 넣어서 써도 된답니다.
맨날 really만 쓰지 말고 seriously도 알아 두세요.

아니면 형용사로도 쓸 수 있습니다.

I didn't kiss her. I am serious.
나 그 여자랑 키스 안 했어. 진짜야.

이렇게 변명을 늘어놓는 남친에게 여친이 말합니다.

I don't buy it.
못 믿겠어.

I don't believe it.을 대신해서 쓸 수 있는 표현입니다.
buy에서 엄청난 멘붕이 온 님들이 많을 것 같은데,
여기서의 buy는 어떤 사람이 하는 말을 믿다입니다. '사다'가 절대 아니에요.

buy가 많이 생소할 수 있으니 예문을 하나 더 살펴볼게요.

What? Did you think I would buy that?
뭐라고? 내가 그걸 믿을 줄 알았어?

여친의 분노 게이지가 마구 올라가고 있네요. 빨리 피합시다.

15 왜 내 문자 씹어?

CHAPTER 1 | **CHAPTER 2** | CHAPTER 3 | CHAPTER 4 | CHAPTER 5 | CHAPTER 6 | CHAPTER 7 | CHAPTER 8

싸운 뒤에 전화를 받지 않거나 문자, 이메일 등
연락을 철저히 씹는 방법으로 상대에게 복수하는 경우가 많은데요.
이럴 땐 영어에서 어떤 표현을 사용하는지 알아볼게요.

I have been ignoring my boyfriend's calls and texts since Monday.

월요일부터 남친 전화랑 문자 무시하는 중이야.

소위 씹다라는 뜻으로 ignore 외에도 다음과 같은 표현을 쓸 수 있습니다.

I am giving my boyfriend the silent treatment.

나 남친 완전히 씹는 중이야.

give the silent treatment를 우리말로 그대로 옮기면 침묵의 대우를 해주다로,
톡톡히 당해 보라며 일부러 커뮤니케이션을 차단하는 것이죠.
온라인에서뿐만 아니라 눈앞에서 냉전을 벌이며 말 한 마디 안 할 때에도 사용할 수 있어요.

더 알고 가기

문자는 영어로 text message, 짧게는 text라고 합니다. 문자하다라는 동사도 그냥 text라고 쓰면 되고요.

(예) Please don't text me at night.
제발 나한테 밤에 문자 보내지 마.

Why did you give me the cold shoulder at school yesterday? 어제 학교에서 왜 날 쌩깠어?

give the cold shoulder를 직역하면 차가운 어깨를 주다인데,
아예 못 본 체하거나 말을 하더라도 짧고 차갑게 대답한다는 의미입니다.
그림처럼 차가운 어깨를 내밀며 쌩~하고 지나가는 모습을 생각하면
'무시하다'의 속어인 쌩까다와 잘 연결되죠?

전화가 자꾸 씹히는 측에선 다음과 같이 애원할 수 있어요.
Please answer the phone.
Please pick up the phone.
제발 전화 좀 받아라.

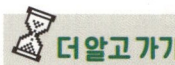 **더 알고 가기**

'(장소)로 전화하다'라고 할 때 장소를 표현하는 전치사를 알아볼까요?

㈜ I called you **at** work, but you weren't there.
회사로 전화했는데, 니가 회사에 없었어.

I will call you **at** home tonight.
내가 오늘 밤에 집으로 전화할게.

I called you **on** your cell phone/home phone twice.
내가 네 핸드폰으로/집전화로 두 번이나 전화했어.

흥!

16 우리 인연은 여기까지

| CHAPTER 1 | CHAPTER 2 N | CHAPTER 3 | CHAPTER 4 | CHAPTER 5 | CHAPTER 6 | CHAPTER 7 | CHAPTER 8 |

상대방에게 쌓인 게 많아지면 싸움이 나고 인연을 끊어야 되는 상황이 옵니다.
뭐, 잠수를 타도 되겠지만 직접 절교 선언을 하려면 뭐라고 하는지 알아야 하겠죠?

I don't want to stay friends with you.

나 너랑 친구로 지내고 싶지 않아.

stay 다음에 바로 friends가 따라온 점을 눈여겨 보세요.
친구 사이는 두 사람 이상이 만나야 되는 것이므로 friends라고 복수를 씁니다.

Let's end our friendship.

절교하자.

굉장히 친절한 절교 선언인데요.
감정이 격해진 마음으로 인연을 끊을 때는 어떤 표현을 쓸지 보죠.

Get out of my life!

내 인생에서 없어져 버려!

이 표현은 조금 변형해서 다음과 같이 자주 쓰기도 해요.

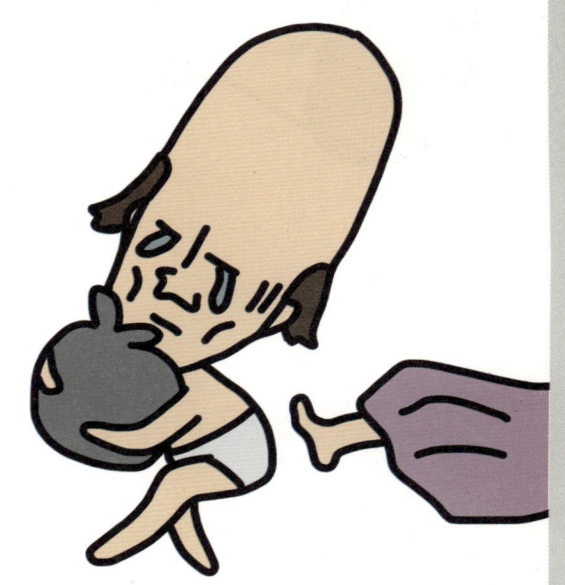

I am so glad that my ex-husband is out of my life.
전 남편이랑 엮일 일 없어서 정말 좋아.

I cut Tammy out of my life because she is such a drama queen.
태미가 맨날 오버하고 짜증나게 굴어서 인연을 끊어 버렸어.

인연을 강제로 끊은 게 아닌 경우에는 다음과 같은 표현을 사용할 수 있어요.

I lost touch with my childhood friend.
어렸을 때 친구랑 연락이 끊겼어.

After a big fight, we grew/drifted apart.
우리 크게 한 번 싸우고 나서 멀어졌어.

grow와 drift의 1차 의미인 '자라다(grow)'와 '둥둥 떠가다(drift)'는 서서히 진행되는 거잖아요.
그래서 **grow/drift apart**는 서서히 친근감이 덜해지는 것을 의미합니다.

> 단어 짚어 보기
> **drama queen** 은 마치 드라마 여주인공처럼 행동한다는 의미로, 중요하지도 않은 일에 호들갑을 떨며 주변 사람을 짜증나게 하는 캐릭터를 뜻합니다.

이 정도는 알고 있겠지?

My mom gives me lots of stress.
엄마 때문에 스트레스를 많이 받아.

Are you available next week?
다음 주는 시간 되니?

Her eyes are puffy from crying.
걔 울어서 눈이 부었어.

Don't cuss at me.
나한테 욕하지 마.

My best friend talked behind my back.
내 절친이 내 뒷담화를 했어.

Can we talk?
우리 얘기 좀 하자.

Mind your own business!
니 할 일이나 잘 해!

She is taking advantage of you.
걔가 너 이용하는 거야.

영어 중독자 두껍의
진짜 미쿡영어

CHAPTER 3
먹고 마시기

- 01 SNS 음식 사진
- 02 꼬르륵 배고파
- 03 물 탄 맹탕 커피
- 04 단 게 땡겨
- 05 외식과 내식(?)
- 06 줘도 안 먹어
- 07 비위 상해
- 08 쌀 떨어졌어
- 09 장 보기
- 10 폭풍 흡입
- 11 소화 불량
- 12 광란의 술 파티
- 13 군것질하다
- 14 남은 음식 데워 먹기
- 15 이것도 알아두자

01 SNS 음식 사진

| CHAPTER 1 | CHAPTER 2 | **CHAPTER 3** | CHAPTER 4 | CHAPTER 5 | CHAPTER 6 | CHAPTER 7 | CHAPTER 8 |

SNS를 하다 보면 가장 많이 올라오는 것 중 하나는 단연 음식 사진이죠!
이번 챕터에서는 여러 음식과 관련된 표현을 알아볼게요.

What do you think?
Doesn't this look good?

어때? 맛있어 보이지 않냐?

맛있다에 good을 쓴 게 보이나요?
맛있다는 표현에 delicious만을 떠올리는 님들이 많은데
사실 회화에서 가장 흔히 쓰이는 단어는 good입니다.
물론 맛있는 정도가 아주 훌륭할 때는 의미가 더 강한 다른 단어로 바꿔도 돼요.

This soup was great/amazing/fantastic.

이 국 정말 맛있었어/끝내줬어/환상적이었어.

이런 맛있는 사진을 본 SNS 친구가 다음과 같은 댓글을 남겼어요.

This picture makes my mouth water.

이 사진 보니까 군침 돈다.

여기의 water는 동사입니다.
직역하면 입으로 하여금 물이 나게 한다니까 입에 물이 고인다 → 군침이 돌다가 되죠.

I burned the roof of my mouth.

나 입천장 데였어.

뜨거운 음식을 먹을 때 빠지지 않고 등장하는 대사죠?
입 지붕을 태웠다라니 무시무시하네요. ㅎㄷㄷ
입천장 화상을 방지하기 위해서는 잘 식혀 먹어야겠죠?

Blow on the soup to cool it down.

국을 후후 불어서 식혀라.

> **문화 알고 가기**
>
> 미국 사람들은 뜨거운 음식을 잘 못 먹어요. 한국 사람들은 뜨거워야 맛이라며 후루룩 먹는 것을 즐기는데, 미국 사람들은 보통 미지근한 음식을 먹어요. 한국 음식점에서 펄펄 끓는 찌개가 돌솥에 나오면 굉장히 놀란답니다.

02 꼬르륵 배고파

"아, 배고파…" 하루에 적어도 두세 번은 입에서 자동반사로 나오는 말입니다.
I am hungry. 말고도 어떤 표현이 있는지 알아보죠.

I am starving.

배고파 죽겠어.

starve는 밥을 못 먹어서 아사하다(굶어 죽다)라는 의미로, 배고파 죽겠어의 의미로 씁니다.

I am famished. I've had nothing but a banana all day.

엄청 배고파. 하루 종일 바나나 하나밖에 못 먹었어.

I am so hungry. I could eat a horse.

너무 배고파. 말 한 마리를 통째로 먹을 수 있을 것 같아.

I could eat a horse.는 배가 무지 고플 때 과장하여 쓰는 관용적 표현입니다.
소도 아니고 말을 잡아먹는다니 서구 세계의 스멜이 솔솔 나네요. ㅎㅎ

83 배가 엄청 고플 때 배가 괴성을 지르듯이 소리를 내죠?
꼬르륵 꼬르륵~ 이럴 때를 위한 표현이 영어에도 있습니다.

My stomach is growling.

배가 꼬르륵거려.

 **단어 짚어 보기**

growl 의 1차적 의미는 **(동물이) 으르렁거리다** 입니다.

예) The dog growled at me.
그 개가 나에게 으르렁거렸다.

한국어의 '배에 거지가 들었나 봐.'와 비슷하게,
뱃속의 개가 밥 달라고 으르렁거린다고 생각하면 외우기 쉬울 거예요.

식욕과 관련된 다른 표현에는 이런 것도 있습니다.

I have a voracious appetite.

나 식욕이 왕성해.

voracious[보레이셔스]는 **왕성하다** 라는 뜻의 약간 수준이 있는 단어인데, 꽤 자주 쓰이니 알아두세요.

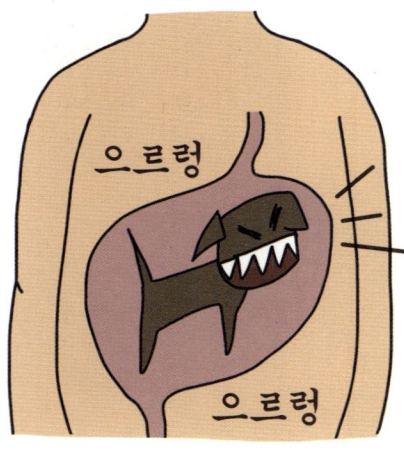

03 물 탄 맹탕 커피

| CHAPTER 1 | CHAPTER 2 | **CHAPTER 3** | CHAPTER 4 | CHAPTER 5 | CHAPTER 6 | CHAPTER 7 | CHAPTER 8 |

매일 반복되는 일상에서 절대로 빠질 수 없는 커피!
한국처럼 미국에서도 매일 같이 커피를 즐기는 사람들이 아주 많아요.
커피 전문점도 많고 집에서 직접 내려 먹는 사람도 많죠.

자, 그럼 이렇게나 중요한 커피와 관련된 표현을 알아보겠습니다.

This coffee is too strong.

이 커피 너무 진해.

진하다라는 의미로는 그냥 **strong**을 쓰면 됩니다.
카페인의 약발이 세다라고 생각하면 되겠죠?

진하다고 해서 thick이라고 생각한 분들도 있겠으나
thick은 크림 수프처럼 **걸쭉한 질감**을 의미하므로 여기선 **No**!

참고로 미국 사람들은 블랙 커피를 겁나 진하게 마셔요.
약간의 갈색 빛깔조차 보이지 않는 말 그대로 '검정' 커피인데요,
위의 문장에서와 같이 누가 커피가 진하다고 하면 아래처럼 말해 줍니다.

Add some water. 물을 좀 타.

Water it down. 물 타.

water down은 어떤 액체에 water를 넣어 그 액체의 강도를 down시키다라는 뜻으로, 희석하다라는 의미입니다.

저는 진한 커피에 물 대신 우유를 붓고 얼음을 타서 야매 라떼를 만들었습니다. 그런데 안타깝게도 '커피향 우윳물'이 되고 말았어요. 헐…

This coffee is watery.
이 커피 맹탕이야.

watery[워러리]는 물이 너무 많이 들어가 묽고 맛이 밍밍한이라는 뜻이에요. water에 y를 붙여 명사가 **형용사**로 변신한 거죠.

04 단게 땡겨

| CHAPTER 1 | CHAPTER 2 | **CHAPTER 3** N | CHAPTER 4 | CHAPTER 5 | CHAPTER 6 | CHAPTER 7 | CHAPTER 8 |

시간과 장소에 상관없이 갑자기 혈당이 떨어지며 달달한 음식이 미치도록 땡길 때가 있습니다.
그 때의 간절함은 다음과 같이 표현할 수 있지요.

I want chocolate so badly.
I want chocolate so bad.

초콜렛이 너무너무 먹고 싶어.

want ~ so bad/badly는 어떤 것을 간절히 원하다라는 의미의 구어체 표현입니다.
원칙적으로는 badly가 옳은 표현이지만,
롱맨 영영사전에 등재될 정도로 bad도 아주 많이 씁니다.
사실 회화에선 bad가 훨씬 더 많이 쓰여요!

어떤 음식이 땡긴다는 말은 어떻게 표현할까요?

I am craving sweets.
I have a craving for sweets.

나 단 게 땡겨.

단이라는 형용사 sweet가 위에서처럼 명사로도 쓰입니다.

I have a sweet tooth.
단 게 땡겨.

tooth를 쓰는 것은 '단' 음식을 표현할 때만 쓰여요.
즉, salty tooth나 spicy tooth를 쓰지는 않는 거죠. 농담으로 쓴다면 모를까요.

갈구했던 음식을 어쩌다 먹게 되어 황홀한 만족감을 느낄 때에는 다음 표현을 사용하세요.

Thanks for the candy bar! It hit the spot.
초콜릿 고마워! 딱 이걸 먹고 싶었는데, 진짜 좋다.

직역하면 갈구하던 곳(the spot)을 맞혔다(hit)이니 따로 어렵게 외울 필요도 없겠죠?

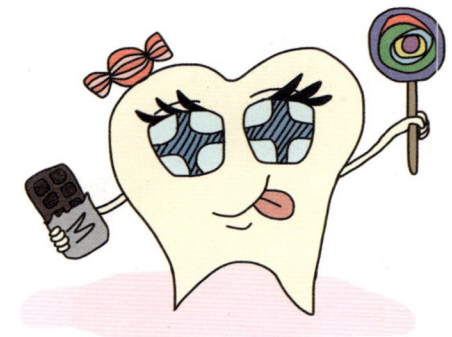

> **단어 짚어 보기**
> candy bar가 초콜릿이라는 것에서 멘붕이 왔나요?
> bar(막대기) 형태로 겉에 초콜릿이 묻어 있는 스니커즈 같은 녀석들이 바로 candy bar예요.

05 외식과 내식(?)

| CHAPTER 1 | CHAPTER 2 | **CHAPTER 3** N | CHAPTER 4 | CHAPTER 5 | CHAPTER 6 | CHAPTER 7 | CHAPTER 8 |

바빠진 생활과 외식 문화의 발달로 밖에서 식사를 하는 경우가 허다하죠?
미국도 마찬가지로 외식을 매우 많이 해요.

Let's eat out!

우리 외식하자!

eat out은 밖에서 먹다라는 뜻이니까 외(外)식(食)하다, 한국어랑 완전 똑같죠?

외식을 하기로 결정했으면 메뉴를 정해야죠?

Let's eat Vietnamese today.

오늘 베트남 음식 먹자.

I feel like Korean.

난 한국 음식 먹고 싶어.

I want Chinese for lunch.

난 점심으로 중국 음식 먹고 싶어.

89 이 예문을 자세히 본 님들은 Vietnamese, Korean, Chinese 뒤에 food가 붙지 않은 걸 눈치채셨을 거예요. food를 붙여도 전혀 무리가 없지만, 빼고 쓰면 좀 더 원어민처럼 자연스럽게 느껴진답니다.
자, 그렇다면 외식의 반대는 뭐라고 할까요?

Let's eat in today. I am too tired to go out.

오늘은 집에서 먹자. 너무 피곤해서 못 나가겠어.

eat in은 안에서 먹다, 즉 요리를 하든 집에 있는 음식을 꺼내 먹든 밖에 나가서 먹지 않고 집에서 먹는다는 의미입니다.

더 알고 가기

한국어에서 음식점을 말할 때 떡볶이 집, 매운탕 집, 파스타 집 등 집이라는 표현을 잘 쓰죠? 영어에도 비슷한 표현이 있는데, 바로 place입니다.

예) Why don't we go to the pizza place you were talking about the other day?
지난 번에 니가 말했던 그 피자 집에 가는 거 어때?

06 줘도 안 먹어

CHAPTER 1 | CHAPTER 2 | **CHAPTER 3** | CHAPTER 4 | CHAPTER 5 | CHAPTER 6 | CHAPTER 7 | CHAPTER 8

이번 장에선 밥맛 뚝 떨어지게 하는 맛없는 음식에 대한 표현을 배워 보겠습니다.

I hate soggy cereal.

나는 눅눅한 시리얼이 너무 싫어.

soggy[쎠기]는 시리얼, 빵, 과자 등이 물기에 젖거나 습기가 차서 바삭한 감이 사라지고 눅눅한 상태를 말합니다.
물에 담궜다 뺀 휴지를 씹는 듯한 기분 나쁜 텍스쳐, 다들 아실 거예요!

How old is this coke? It's flat!

이 콜라 얼마나 된 거야? 김이 다 빠졌어!

flat은 콜라, 사이다, 맥주 등과 같이 탄산이 들어간 음료가 오래돼서 탄산이 빠진 상태를 말합니다.

how old는 사람의 나이를 물어볼 때 말고도
사물의 '오래됨'을 물을 때도 쓴다는 점 기억하세요.

91

This bread is stale.

이 빵 신선하지 않아.

stale은 빵, 쿠키, 케이크 등이 오래되어 신선하지 않고 맛이 떨어진다는 뜻이에요.

나의 미각을 감히 모욕하는 이런 못된 음식들에 대해선 다음과 같이 말하세요!

This pasta doesn't taste good.
This pasta tastes bad.

이 파스타 맛없어.

맛없음의 정도가 심한 것은 다음과 같이 표현하세요.

This fried rice is nasty.
This fried rice is gross.

이 볶음밥 더럽게 맛없어.

nasty와 gross는 엄청 지저분하고, 역겨운 것을 가리킬 때 쓰는 단어인데, 음식에 쓰면 구역질 날 정도로 맛이 최악이라는 뜻이에요.

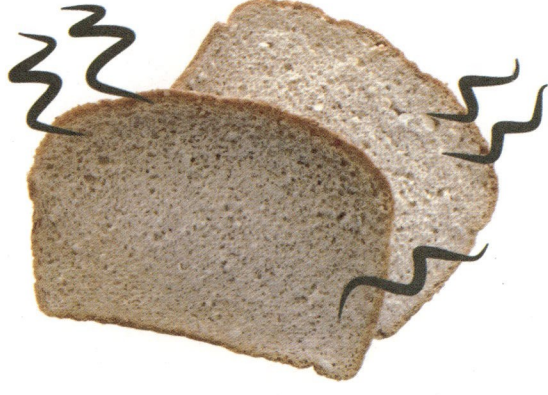

07 비위 상해

| CHAPTER 1 | CHAPTER 2 | **CHAPTER 3** | CHAPTER 4 | CHAPTER 5 | CHAPTER 6 | CHAPTER 7 | CHAPTER 8 |

음식이 맛이 없어서도 화가 나지만 위생 상태가 청결하지 않아 분개하게 되는 경우도 있습니다.
비위생적이라는 표현은 뭐라고 할까요?

This restaurant is unsanitary.
이 음식점은 비위생적이야.

비위생적인 음식의 최고봉은 음식과 함께 어우러진 머리카락이죠.

There was a hair in my noodles.
국수에 머리카락이 들어 있었어.

머리털 전체를 가리키는 경우에는 a 또는 뒤에 s를 붙이지 않습니다.

하지만 위의 국수에서 발견된 머리카락처럼 **한 올**, **두 올**을 개별적으로 지칭할 때에는
가산 명사로서 a hair, hairs가 됩니다.

상한 음식이나 비위생적인 음식을 먹으면 헬게이트가 열리는 경험을 하게 되기도 해요.

I got food poisoning, and I had the runs all day.

식중독에 걸려서 하루 종일 설사했어.

have the runs(설사하다)가 외우기 힘들다면
괄약근을 힘껏 조이며 화장실을 향해 달려가는 모습을 상상하세요.

> **문화 알고 가기**
>
> 미국에는 **five-second rule**이라는 것이 있는데, 바닥에 떨어진 음식을 5초 안에 집으면 세균이 침투하지 못하기 때문에 먹어도 안전하다는 '미신'입니다.
>
> 이 룰을 믿는 사람이 꽤 있어서, 바닥에 떨어뜨린 음식을 후다닥 집어 입에 넣는 사람이 가끔씩 있어요.
>
> 예) It is okay to eat this. I picked it up within 5 seconds.
> 이거 먹어도 돼. 5초 내에 집었어.

08 쌀 떨어졌어

| CHAPTER 1 | CHAPTER 2 | **CHAPTER 3** | CHAPTER 4 | CHAPTER 5 | CHAPTER 6 | CHAPTER 7 | CHAPTER 8 |

얼마 전 밥을 하려고 하니 쌀통에 쌀이 거의 없는 가슴 아픈 경험을 했습니다.
어떤 것을 거의 다 써서 별로 남아 있지 않을 때 이렇게 말할 수 있습니다.

We are getting low on rice.
쌀 거의 다 떨어져 가.

하나도 남아 있지 않을 때에는 이렇게 말하세요.
We are out of rice.
We ran out of rice.
우리 쌀 떨어졌어.

> ▶ 문화 알고 가기
> 미국 사람들은 쌀을 잘 먹지 않는다고 생각하는 님들이 많은 것 같습니다.
> 하지만 이건 사실이 아니에요. 비 아시아권 미국인들도 하루 세끼는 아니더라도 가끔씩 밥을 해 먹어요.
> 그래서 비 아시아권 슈퍼에서도 쉽게 쌀을 살 수 있지요.
> 하지만 쌀 포대 같이 스케일이 큰 용량이나 후 불어도 날아가지 않는 한국식 쌀을 원하는 경우 한국 슈퍼마켓을 찾아가야 합니다.

한국어에서는 rice의 공정/조리 과정에 따라 **벼, 쌀, 밥**으로 다양한 단어를 사용하잖아요. 그런데 영어에서는 **모두 다 rice**라는 점 알고 있었나요? 놀랍죠?

그럼 벼, 쌀, 밥에 대한 예문을 살펴볼게요.

My parents grow rice.
우리 부모님은 벼농사 지으셔.

Rinse rice thoroughly.
쌀을 골고루 씻어라.

I ate fried rice for lunch.
점심으로 볶음밥 먹었어.

> **더 알고 가기**
> 논: rice paddy
> 전기밥솥: rice cooker
> 쌀을 불리다: to soak rice
> 쌀 한 톨: a grain of rice
> 밥 한 공기: a bowl of rice

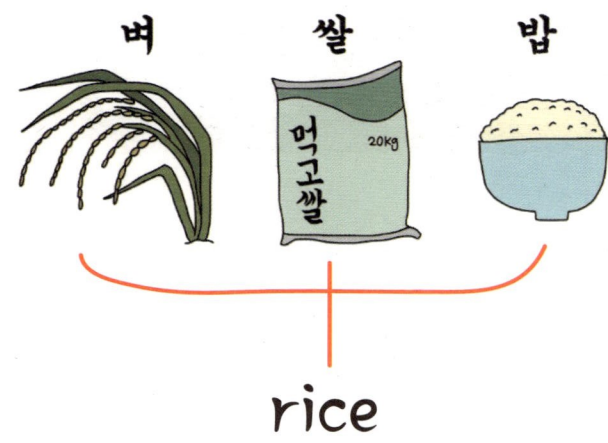

09 장보기

CHAPTER 1 | CHAPTER 2 | **CHAPTER 3** N | CHAPTER 4 | CHAPTER 5 | CHAPTER 6 | CHAPTER 7 | CHAPTER 8

대형 마트가 성행하기 시작한 이후로 한국어에 '마트'라는 단어가 보편화되었죠. 마트는 영어에서 뭐라고 할까요?

mart라고 해도 틀렸다고 보기는 어렵지만 이 단어는 **상호명이나 간판에만 씁니다**. 일상에서 마트를 지칭할 때에는 grocery store라는 단어를 쓰지요.

I went to a mart yesterday. (x)
I went to a grocery store yesterday. (o)
나 어제 마트에 갔다 왔어.

장 보러 가다는 아래에서처럼 조금 응용해 주면 됩니다.

I need to buy groceries.
I need to go grocery shopping.
나 장 보러 가야 해.

I stock up on food to save trips to the grocery store.

나는 마트에 자주 안 가려고 먹을 걸 쟁여 놔.

stock은 재고라는 뜻이 있죠. stock up on은 재고품을 쌓아 놓는 것처럼 미래를 위해 어떤 것을 많이 사 두는 것을 의미합니다.
위 문장에서의 save는 '절약하다'가 아니고 avoid(피하다)의 의미입니다. trip도 '여행'이 아니라 그냥 어디를 가는 행위를 의미하죠.

Our pantry is packed! Let's toss some of the stuff that we don't eat.

식료품 저장실이 꽉 찼어! 안 먹는 건 좀 버리자.

pantry는 한국어로 굳이 옮기면 식료품 저장고인데, 미국 주방에는 사진에 보이는 것과 같은 저장 공간이 있습니다. 보통 문을 여닫을 수 있으며 선반이 여러 개 있어, 시리얼, 파스타 면 등 썩지 않는 음식을 장기 보관해 둡니다.
packed는 extremely full(완전히 꽉 찬)이라는 뜻이고, toss는 throw away(버리다)라는 의미예요.

10 폭풍 흡입

| CHAPTER 1 | CHAPTER 2 | **CHAPTER 3** | CHAPTER 4 | CHAPTER 5 | CHAPTER 6 | CHAPTER 7 | CHAPTER 8 |

배고플 때 가끔씩 미친듯이 폭풍 흡입을 하죠?
식탐은 전 세계 공통인지라 영어에도 폭풍 흡입을 나타내는 여러 표현이 존재합니다.

I stuffed myself with fried chicken.

후라이드 치킨을 배 터지도록 먹었어.

stuff의 1차적 의미는 쑤셔 넣다입니다.
stuffed animal(봉제 인형)이라고 들어본 적이 있으시죠?
솜으로 꽉 채운 인형을 말해요.
이처럼 stuff myself 하면 음식을 미친 듯 쑤셔 넣는다,
즉 더 이상 못 먹을 정도로 배 터지게 먹다라는 의미가 있어요.

I am stuffed.

배 터지겠어.

stuffed는 동사 stuff의 형용사 형태로,
음식을 너무 쑤셔 넣어서 배가 너무 불러 더 이상 못 먹는다는 의미입니다.
맨날 so full, very full만 쓰지 말고 이 단어도 한 번 써 보세요.

a stuffed stuffed animal (배부른 봉제인형)

I wolfed down 2 burgers.

버거 2개를 폭풍 흡입했어.

wolf down은 빨리 먹느라 잘 씹지도 않고 큰 덩어리째로 막 넘기다라는 뜻입니다. 아기 염소들을 통째로 흡입한 늑대('늑대와 일곱 마리 아기 염소')를 떠올리면 외우기 어렵지 않을 거예요. wolf down과 동일한 의미로 scarf down도 잘 씁니다. 스카프를 두른 늑대 그림을 보면서 두 표현을 한 방에 외워 보세요!

I was so thirsty. So I gulped down a bottle of water.

너무 목이 말랐어. 그래서 생수 한 병을 벌컥벌컥 마셨어.

gulp down은 많은 양의 액체를 빨리 들이킨다는 의미입니다.

I think I overate.

나 과식한 것 같아.

오버(over)해서 먹다(eat)이니까 따로 외울 필요도 없네요. 과식을 하게 되면 아래와 같은 현상이 발생합니다.

I am in a food coma.

너무 많이 먹어서 몸이 아주 나른해.

영어에서는 음식을 너무 많이 흡입하여 피곤해지고 졸음이 올 때 음식 혼수상태(food coma)에 빠졌다고 말합니다. 웃기죠?

11 소화 불량

| CHAPTER 1 | CHAPTER 2 | **CHAPTER 3** N | CHAPTER 4 | CHAPTER 5 | CHAPTER 6 | CHAPTER 7 | CHAPTER 8 |

폭풍 흡입을 하면 위가 찢어지는 듯한 느낌과 함께 여러 고통이 수반됩니다.
소화 불량에서부터 더 심한 경우 동반되는 증상까지, 다양하게 알아보도록 해요.

I have indigestion.
I have a digestion problem.
소화가 안 돼.

소화 불량은 종종 지저분한 생리 현상으로 이어지게 마련입니다.
Someone at the next table burped really loud.
옆 테이블에 앉은 누가 엄청 크게 트림했어.

I farted in class.
나 수업 시간에 방귀 뀌었어.

 더 알고 가기

방귀는 '뿡'하고 나오면 냄새가 별로 안 나는데, 오히려 '피식~'하고 슬그머니 나오면 독한 냄새가 나잖아요. 이런 소리 안 나는 독한 방귀를 두고 영어에서는 **silent but deadly**라고 합니다. **조용하지만 치명적**이라는 뜻이죠.

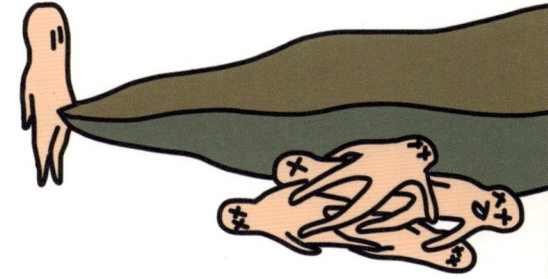

After eating too much too quickly, I threw up all over the place.

너무 급하게 많이 먹고 나서 사방에 토를 했어.

I cannot keep anything down.

나 먹으면 다 토해.

속이 안 좋아서 먹는 대로 구토를 하는 상황에서 잘 나오는 표현이에요.

> 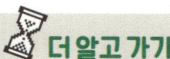 **더 알고 가기**
>
> **throw up** 말고도 동사 **토하다** 표현을 추가로 알아 두세요.
> **vomit**를 **동사**로 쓰면 **구토하다**이고 **명사**로 쓰면 **토사물**이라는 의미입니다.
> **barf**, **puke**는 **토하다**의 구어체 표현입니다.

> ▶ **문화 알고 가기**
>
> 한국어에는 아파서 얼굴빛이 안 좋으면 얼굴이 잿빛/회색빛이다 또는 누렇게 떴다라고 많이 표현하죠. 영어에서는 이럴 때 **green**이라고 합니다.
>
> 예) Are you okay? You're looking a bit green.
> 너 괜찮니? 좀 아파 보여.

12 광란의 술 파티

| CHAPTER 1 | CHAPTER 2 | **CHAPTER 3** | CHAPTER 4 | CHAPTER 5 | CHAPTER 6 | CHAPTER 7 | CHAPTER 8 |

술은 어느 나라에서나 인생의 큰 부분을 차지하나 봅니다.
영어에도 술에 관련된 표현이 정말 많은데요, 핵심 표현 위주로 짚어 볼게요.

Let's go get some booze.

술 사러 가자.
booze[부즈]는 alcohol(알코올, 술)의 또다른 표현입니다.

I had only one drink. But I feel buzzed already.

술 한 잔밖에 안 마셨는데, 벌써 알딸딸해.
주스 같은 무알콜 음료도 drink이기는 하지만 drink에는 술이라는 의미도 있으니 문맥에 따라 잘 해석하세요. 그리고 buzzed는 drunk(취한) 단계 이전에 취기가 돌기 시작하여 기분이 좋은 상태를 뜻합니다.

They got wasted/trashed at the party.

그 사람들 파티에서 술이 떡이 되었어.

drunk 단계를 넘어 정신을 못 차릴 정도로 만취 상태가 될 때 우리말로는 술이 떡이 되었다라고 하는데, 영어에서는 쓰레기(waste, trash)가 되었다라고 표현합니다. 재밌죠?
쓰레기가 될 때까지 술을 마시는 행위는 다음과 같이 표현합니다.

We went on a bender.
We went binge drinking.
우리는 술을 퍼마셨어.

좀 생소한 표현이죠? go on a bender는 혀가 꼬부라지도록 마시다 정도로 생각하세요.
bend가 '구부리다'이니까 '혀가 꼬부라지다'와 연결되죠?

I have a terrible hangover.
I am terribly hungover.
숙취가 심해.

영어에서 '해장하다'가 뭘까 궁금해 하는 님들이 많을 텐데,
해장하다라는 단어는 영어에서 딱히 존재하지 않아서
lessen the effects of a hangover(숙취를 완화하다) 등으로 풀어서 표현해야 합니다.
해장술이라는 의미로 hair of the dog라는 표현이 있다는 것 정도만 알아두세요.

13 군것질하다

| CHAPTER 1 | CHAPTER 2 | **CHAPTER 3** | CHAPTER 4 | CHAPTER 5 | CHAPTER 6 | CHAPTER 7 | CHAPTER 8 |

식사 전후에 군것질하는 경우가 많죠?
특히 과자 같은 간식거리는 자극적인 맛이 많아서 한 번 뜯으면 손을 떼지 못하는데,
이럴 때 쓰는 표현을 알아볼게요.

I am not hungry. I already snacked on some crackers.

나 배 안 고파. 크래커를 간식으로 먹었어.

snack이 군것질하다라는 동사로 쓰인다는 점을 눈여겨보세요.
그리고 군것질 대상 앞에 on이라는 전치사가 붙는다는 것도 알아두시고요.

I finished a bag of chips in one sitting.

칩 한 봉지를 앉은 자리에서 끝냈어.

간식은 너무 맛있어서 뜯는 순간 앉은 자리에서 끝장을 보는 경우가 많은데,
영어에도 우리말과 같은 표현이 있어요.
앉은 자리(sitting)에서 한 번에(one)니까 똑같죠?

We pigged out on pizza, watching TV.

우리는 TV 보면서 피자를 처먹었어.

한꺼번에 많은 양을 마구 먹는다는 의미로 **pig out on**이 있습니다.
미친 듯이 흡입하는 돼지를 떠올리세요.

이와 반대로 아주 조금만 먹는 경우는 아래와 같이 말할 수 있어요.

I only had a bite. Let me have some more.

나 한 입밖에 못 먹었어. 더 먹게 좀 줘 봐.

Can I have a sip of your coffee?

니 커피 한 모금만 마셔도 돼?

> 🖱 **문화 알고 가기**
>
> 조그만 과자 봉지라도 나누어 먹는 한국 문화와 달리 미국에서 대부분의 미국 사람들은 개인 음식을 나눠 먹는 것을 그다지 좋아하지 않습니다.
> 특히 같은 그릇에 담긴 액체류나 입을 대야 하는 병 종류를 함께 먹는 건 정말 꺼려하죠.
> 이런 문화에서 **double-dip**이란 표현이 나왔는데, 칩 같은 과자나 샐러리, 미니 당근 등을 dip(소스)에 찍은 후 한 입 베어 먹고 나서 **나머지 부분을 다시 dip에 담그는 더러운 행위**를 뜻합니다.
>
> 예) Did you see that? He just double-dipped!
> 봤어? 걔가 방금 먹던 걸 다시 소스에 찍었어!

14 남은 음식 데워 먹기

| CHAPTER 1 | CHAPTER 2 | **CHAPTER 3** N | CHAPTER 4 | CHAPTER 5 | CHAPTER 6 | CHAPTER 7 | CHAPTER 8 |

상 다리 부러지게 잔치를 하거나 명절이 끝난 후, 남은 음식이 냉장고에 꽉꽉 차죠? 이번에는 남은 음식 활용법에 대해 알아보겠습니다.

I had leftover**s** for lunch.
남은 음식을 점심으로 먹었어.

leftovers(남은 음식)는 남은 음식의 가짓수에 관련 없이 **보통 복수**로 씁니다. 그러니 남은 음식의 종류가 한 가지이더라도 leftovers라고 쓰세요.

I had **leftover pizza** for lunch.
남은 피자를 점심으로 먹었어.

이렇게 뒤에 pizza라는 명사를 붙여 **복합 명사로 쓸 때**는 leftovers에서 s를 뺍니다.

남은 음식은 보통 냉장고 보관을 하므로 다시 먹을 때는 데워 줘야 합니다.

The pasta is cold. You have to heat it up.
그 파스타 차가워. 데워야 해.

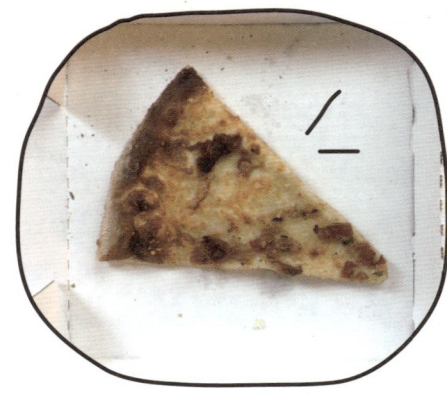

Microwave the pasta for 2 minutes.
그 파스타 전자레인지에 2분간 돌려.

microwave가 '전자레인지'라는 명사도 되지만 전자레인지에 돌리다라는 동사로도 잘 쓰여요.

다른 말로 아래와 같은 표현도 잘 씁니다.

Nuke 2 potatoes until they are soft.
감자 2개를 부드러워질 때까지 전자레인지에 돌려.

nuke[눅]은 nuclear에서 온 단어로,
동사로 쓰면 핵 공격하다 및 전자레인지에 돌리다라는 뜻입니다.

그럼 전자레인지에 돌려도 되는 용기를 두고 뭐라 할까요?
This container is microwave safe.
이 용기는 전자레인지에 돌려도 안전해.

This container is microwavable.
이 용기는 전자레인지에 돌려도 돼.

15 이것도 알아두자

CHAPTER 1 | CHAPTER 2 | **CHAPTER 3** N | CHAPTER 4 | CHAPTER 5 | CHAPTER 6 | CHAPTER 7 | CHAPTER 8

드디어 음식 챕터의 마지막 장에 도달했습니다.
이번에는 특정 카테고리에 함께 묶긴 힘들지만 알아 두면 좋을 표현들을 짬뽕식으로 모아 두서없이 다뤄보도록 하겠습니다. ㅎㅎ

I don't want to cook today.
On my way home, I will get some pasta to go.

나 오늘 요리하기 싫어. 집에 가는 길에 파스타를 테이크아웃 해 갈게.

get something to go는 음식을 포장해 가다입니다.
미국에서 패스트푸드점에 가면 밥 먹듯이 들을 **Is it for here or to go?**
(여기서 드실 거예요 포장하실 거예요?)도 덤으로 외워 두세요.

When I order a salad, I always get the dressing on the side.

나는 샐러드를 주문할 때 항상 드레싱을 따로 시켜.
다이어트를 하거나 드레싱만 살짝 뿌려 먹고 싶은 사람들에게 필수적인 표현입니다.

The steak was burned on the outside and uncooked on the inside.
그 스테이크는 겉은 타고 속은 안 익었어.

이 표현은 다른 상황에서도 활용 가능합니다.
(He looks kind on the outside but he is actually evil on the inside. → 그는 겉으로 볼 땐 친절해 보이는데 사실 내면은 악한 사람이야.)

My daughter just picked at her food at the dinner table today.
오늘 저녁 먹는데 딸이 깨작거리기만 했어.

pick at ~는 음식을 달갑지 않게 억지로 굼뜨게 먹는 것을 의미합니다.

Come have some grapes.
와서 포도 좀 먹어.

이 문장의 포인트는 바로 '포도'입니다.
grape은 사실 포도 한 알이라는 사실 알고 계셨나요?
그렇기 때문에 위에서처럼 s를 붙여 복수로 쓰지 않으면
포도 한 알만 먹으라는 말이 되니까 주의해서 쓰세요.

영어 중독자 두껍의
진짜
미쿡영어

CHAPTER 4
돈이 뭐길래

01 Starbucks = 별 달러
02 땡전 한 푼 없어
03 지름신 강림
04 빚을 지다
05 대출을 받았어
06 겁나 빈곤해
07 긴축 정책
08 인심이 좋아
09 돈 관리
10 더럽게 부자야
11 집이 잘 살아
12 돈을 긁어모아
13 더럽게 싸네
14 더럽게 비싸네

01 Starbucks = 별 달러

| CHAPTER 1 | CHAPTER 2 | CHAPTER 3 | **CHAPTER 4** N | CHAPTER 5 | CHAPTER 6 | CHAPTER 7 | CHAPTER 8 |

별 달러라니 이게 무슨 소릴까요?
장난 삼아 한국어로 그대로 옮겨 보면 이 해석이 맞아요.
왜냐하면 bucks는 dollars와 같은 의미거든요.

요즘은 커피값이 밥값보다 비싸죠?
스타벅스에 갈 때마다 더 빈곤해지는 현실을 떠올리며 bucks의 뜻을 기억하세요.

The average cup of coffee is 4 bucks now.
The average cup of coffee is 4 dollars now.
요새 커피 한 잔이 평균 4달러야.

buck은 dollar보다 캐주얼한 표현이에요.
그러니 학회, 논문 발표나 공식적인 자리에서는 쓰지 말고 일상 회화에서만 마음껏 쓰세요.

우리말에서도 '걔 벌써 5천 모았대', '10억만 있으면 소원이 없겠다'처럼
'원'을 생략하는 경우가 많죠? 영어도 마찬가지에요.

112

I paid $350 for this purse.

이 가방 $350 주고 샀어.

이 문장의 $350 부분은 [쓰리 헌드레드 피프티 달러스]로 읽어도 되지만 '달러'를 빼고 그냥 [쓰리 피프티]라고도 많이 말해요. 헌드레드조차도 생략하는 경우가 많답니다.

Can you lend me 3k?

나 3천 달러 빌려줄 수 있어?

교과서에도 없는 이 표현, 갑자기 천(k)이 어디서 튀어나왔냐고요? 수학에서 배웠던 단위 개념을 생각하세요. 3k는 [쓰리 케이]로 읽으면 돼요.

㉠ 1 km = 1000 m / 1 kg = 1000 g

Can you lend me 3 grand?

나 3천 달러 빌려줄 수 있어?

grand는 슬랭이니 그냥 달달 외우세요. ^^;

02 땡전 한 푼 없어

| CHAPTER 1 | CHAPTER 2 | CHAPTER 3 | **CHAPTER 4** | CHAPTER 5 | CHAPTER 6 | CHAPTER 7 | CHAPTER 8 |

돈은 있을 때보다 없을 때가 훨씬 많은 것 같습니다. 돈을 손에 가지고 있지 않은 경우부터 돈 자체가 없는 상거지 신세까지, 돈의 부재에 관련한 표현들을 배워 볼게요.

I was not carrying cash. So I used my credit card.

현금이 없어서 신용카드 썼어.

carry는 운반하다, 나르다로만 알고 있지만, 가지고 다니다라는 뜻도 있으니 알아 두세요.

I don't have any money on/with me.

나 지금 들고 있는 돈 없어.

위의 두 표현은 말하는 시점에 돈을 가지고 있지 않은 경우에 씁니다.
이와 달리 잔고가 바닥난 거지 신세가 된 경우에는 다음과 같은 표현을 사용하세요.

I am broke. 나 돈이 하나도 없어.

break가 '망가지다'라는 뜻이 있으니까 거지가 되어 인생이 '망가졌다'라고 생각하면 외우기 쉽겠죠?

I am flat broke. 나 땡전 한 푼 없어.

그냥 broke를 쓸 때보다 돈 없는 암울함을 더 강조한 표현입니다.
flat의 강조 의미는 그림의 평평한(flat), 즉 얇은 지갑을 보면 단번에 암기가 될 거예요.

I don't have a dime to my name.
내 이름으로 십 원 하나 없어.

dime은 penny, dollar 등과 자유롭게 바꿔 써도 됩니다.
한 푼도 없는 걸 넘어 잔고가 마이너스에 이르는 경우는 다음과 같이 말할 수 있습니다.

I am in the red this month. 나 이번 달 적자야.

급전이 필요한 경우 미친 이자의 암흑이 도사리는 현금 서비스를 쓰게 되기도 하죠.

I had to pay my phone bill by the end of the month. So I got a cash advance.
나 핸드폰 요금을 월말까지 내야 해서 현금 서비스 받았어.

in advance가 '미리'니까 돈을 미리 당겨서 쓰다라고 생각하면 쉽죠?

03 지름신 강림

| CHAPTER 1 | CHAPTER 2 | CHAPTER 3 | **CHAPTER 4** | CHAPTER 5 | CHAPTER 6 | CHAPTER 7 | CHAPTER 8 |

살다 보면 가끔씩 지름신이 와서 돈을 헤프게 쓰게 될 때가 있죠.
이때의 여파를 여러 상황에서 알아볼게요.

I went on a shopping spree today.

나 오늘 미친 듯이 쇼핑했어.

spree는 어떤 일을 짧은 시간에 많이 하다라는 뜻으로,
미친 듯이 쇼핑을 하거나 빠르게 술을 퍼마실 때 자주 씁니다.
spree만 외우지 말고 go on a ~ spree를 통째로 외워 두세요.

I splurged on a dish set.

식기 세트에 돈을 왕창 썼어.

splurge on은 내 형편에 맞지 않게 돈을 마구 썼다는 의미입니다.

Yesterday, I shopped until I dropped.

나 어제 죽도록 쇼핑했어.

drop이 '떨어지다'니까 그대로 해석하면 바닥에 쓰러질 정도까지 쇼핑을 했다라는 뜻으로,
미친 듯이 쇼핑했음을 과장하는 표현입니다.

지름신이 밟고 지나간 길에는 다음과 같은 상황이 발생합니다.

All my credit cards are maxed out.
신용 카드를 죄다 최대 한도까지 썼어.
maximum(최대)을 생각하면 뜻이 이해가 가죠?

신용카드에 대해 말을 할 때 할부에 대한 표현이 빠질 수가 없습니다.

I am paying for this designer suit on a 6-month installment plan.
나 이 명품 정장 6개월 할부로 내고 있어.

I bought this couch on layaway.
나 이 소파 할부로 샀어.

더 이상은 무리야...

04 빚을 지다

CHAPTER 1 | CHAPTER 2 | CHAPTER 3 | **CHAPTER 4** | CHAPTER 5 | CHAPTER 6 | CHAPTER 7 | CHAPTER 8

돈을 헤프게 쓰면 머지 않아 빚이라는 헬게이트에 입성하게 됩니다.
이번에는 빚에 관련된 표현을 자세하게 알아볼게요.

After years of living a luxurious life, he went into debt.

걔 수년간 호화스럽게 살다 빚을 졌어.

go into debt은 한국어로 그대로 옮기면 빚 안으로 들어가다니까 그다지 어렵지 않죠?

He is heavily in debt.

He is deep in debt.

걔 빚더미에 앉았어.

빚을 진 상태를 표현할 때, 그냥 in debt이라고 해도 되지만 heavily, deep 등의 부사와 써서 강조할 수도 있어요.

빚을 지게 되는 데에는 수많은 이유가 있겠지만, 많은 이유 중에는 주식과 보증이 있습니다.
이건 영어로 뭐라고 하는지 알아볼게요.

I played the market and lost all of my savings.
주식을 하다가 모아둔 돈을 다 날렸어.

play the market는 장기 투자 목적으로 주식에 투자하기 보다는 돈을 단기간에 벌려고 **도박 식으로 투자한다**는 뉘앙스가 있습니다.
save가 '저금하다'라는 의미가 있으니, **savings**는 저금해 놓은 돈, 모아둔 돈이 되죠.
이 단어는 보통 **복수**로 쓴다는 점에 유의하세요.

My husband co-signed a loan for his friend.
남편이 친구 빚 보증을 섰어.

sign이 '서명하다'이고 접두사 co는 '함께'라는 의미이므로 **co-sign**은 타인의 대출에 함께 서명하다, 즉 보증을 서다입니다.

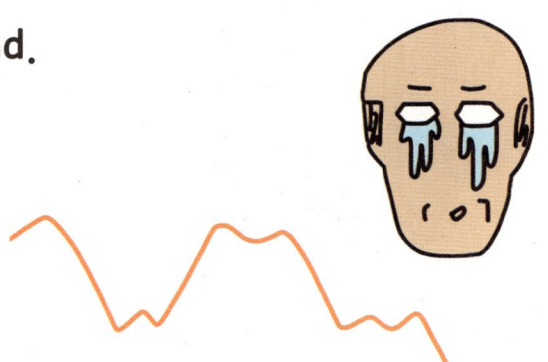

05 대출을 받았어

CHAPTER 1 | CHAPTER 2 | CHAPTER 3 | **CHAPTER 4** | CHAPTER 5 | CHAPTER 6 | CHAPTER 7 | CHAPTER 8

앞 장에서 빚에 대한 이야기를 했는데, '빚'하면 대출을 빼놓을 수 없죠.

I took out a loan to buy a car.
차를 한 대 사려고 대출을 받았어.

대출을 받다는 get a loan이라고도 쓸 수 있고 take out이라고도 많이 써요.

I can loan you $1000.
내가 1천 달러 빌려줄 수 있어.

loan은 이렇게 빌려주다라는 동사로도 쓸 수 있습니다.
일단 대출을 받으면 제때에 갚는 것이 관건이죠.
그런데 마음처럼 안 될 때가 많지요. ㅠㅠ

I am behind on my loan payments.
대출금 밀렸어.

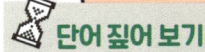 **단어 짚어 보기**

behind는 '~뒤에 있다'는 뜻 말고도 정해진 시간보다 늦다라는 의미가 있습니다.

예) The project is 3 months behind schedule.
그 프로젝트는 일정보다 3개월 늦어지고 있어.

I have been paying my student loan for 4 years. It will take me another 4 years to pay it off.

학자금을 4년 동안 갚고 있는데, 다 갚으려면 4년이 더 걸릴 거야.

pay와 pay off의 차이를 극명하게 보여주는 좋은 문장입니다.
pay는 그냥 갚다이고 pay off는 빚진 돈을 전부 갚다, 청산하다라는 뜻이에요.
off 하나로 뜻이 엄청 달라지지요?

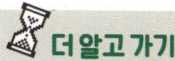 더 알고 가기

loan shark는 굉장히 비싼 이자로 돈을 빌려주며 종종 폭력과 협박을 이용해 돈을 돌려 받는 사람 또는 조직으로, 우리말 사채업자와 의미가 가장 가까워요.

예) I got rejected by several banks for a loan, so I ended up going to a loan shark.
여러 은행에서 대출을 거부 당해서 사채업자에게 가게 되었어.

06 겁나 빈곤해

CHAPTER 1 | CHAPTER 2 | CHAPTER 3 | **CHAPTER 4** | CHAPTER 5 | CHAPTER 6 | CHAPTER 7 | CHAPTER 8

가난의 정도가 심한 경우를 다양하게 표현할 수 있어요.

I am poor as hell.
I am poor as shit.
I am poor as fuck.
나 뒈지게 가난해.

as hell/shit/fuck은 poor 뒤에 붙어 가난의 정도를 강조한 말입니다.
우리말의 뒈지게처럼 속된 말이니 가려서 사용하세요.
다른 형용사에도 활용할 수 있다는 점도 알아두세요.

더 알고 가기

poor에는 가난한이란 의미 말고도 불쌍한이라는 의미가 있습니다.
가난하면 신세가 불쌍해지니까 이런 의미가 생긴 것이 아닌가 합니다.
금전적인 문제든 아니든, 안타까운 일을 겪은 사람에게 다음과 같이 위로의 말을 할 수 있어요.

예) You poor thing… 불쌍한 것…
　　Poor you… 딱하기도 해라…

* 주의: You're poor.라고 하지 마세요. 그러면 "너는 가난해."라는 돌직구 비하 발언이 됩니다.

This neighborhood is poverty-stricken.
이 동네는 찢어지게 가난해.

poverty가 가난이고 strike가 치다, 때리다이니
가난에 의해 때림을 당했다, 즉 엄청나게 가난하다라는 뜻이 됩니다.

I am cash-strapped.
I am strapped for cash.
나 돈이 쪼들려.

My family was on welfare.
우리 집은 생활보호 대상자였어.

welfare에는 '안녕', '복지'라는 뜻도 있지만 국가가 저임금 가족에게
지급하는 기초 생활비 및 지원을 의미하기도 합니다.
on과 함께 쓰면 그러한 기초 생활 수급 프로그램에 가입하여 혜택을 받는 상태를
의미합니다.
on welfare를 한 세트로 외워 두세요.

07 긴축 정책

CHAPTER 4

여태까지 돈 낭비와 빈곤에 대해 다뤄 보았는데,
이번 장에서는 그에 대한 해결책과 관련된 정반대 상황에 대해 알아보겠습니다.

I have to tighten my belt since there have been so many expenses this month.

이번 달에 나간 돈이 너무 많아서 허리띠를 졸라매야 해.

tighten one's belt는 우리말과 똑같죠? 돈을 더 적게 쓰도록 노력하다라는 의미입니다.

I will only spend money on the bare necessities.

꼭 필요한 것에만 돈을 쓸 거야.

the bare necessities는 먹을 것, 몸에 걸칠 옷, 몸을 뉘일 방, 화장실 휴지 등과 같이 생존에 필요한 물품을 이르는 관용적 표현이니, 통째로 외워 두세요.

From now on, I will live frugally.

이제부터 검소하게 살 거야.

frugally는 검소하게라는 의미입니다.

125 소비를 줄이는 것도 좋지만 검소함을 넘어 너무 심하게 돈을 아끼면 stingy(인색한)라는 소리를 듣게 됩니다.

You are so stingy.

너 진짜 짜다.

You are such a penny pincher.

너 돈 갖고 엄청 쪼잔하게 군다.

penny가 1센트(약 10원)이고 pinch가 꼬집다이니까
그림에서처럼 얼마 안 되는 돈을 손가락으로 하나하나 세어서 줄 정도로
쪼잔한 사람이다라고 외우면 쉽겠죠?

You are so cheap.

너 진짜 쪼잔하다.

이 문장은 사람을 사고파는 것이 아닌 이상 '너는 정말 싸다'가 아닙니다.
cheap은 쪼잔한이라는 뜻도 있어요.
실생활에서 엄청 잘 쓰이는 표현이니 꼭 알아두고, 주변 사람이 돈 몇 푼에 아까워하며 안 쓰려고 할 때 활용해 보세요.

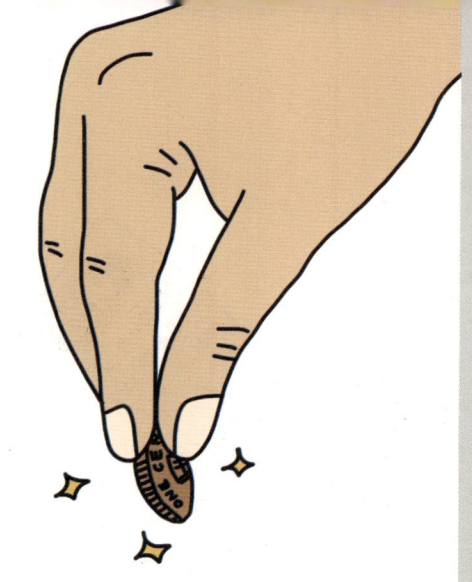

08 인심이 좋아

| CHAPTER 1 | CHAPTER 2 | CHAPTER 3 | **CHAPTER 4** | CHAPTER 5 | CHAPTER 6 | CHAPTER 7 | CHAPTER 8 |

앞 장에서 푼돈에 벌벌 떠는 인색한 사람에 대한 표현을 다뤄 보았습니다.
이번 장에서는 그와 반대인 인심이 후한 사람에 대한 표현을 배워 볼게요.

My boyfriend always picks up the tab.

내 남친은 항상 자기가 계산해.

tab은 식당, 가게 등에서 나오는 계산서인데, 이걸 집어 올린다(pick up)이니까
pick up the tab은 돈을 지불하다를 의미합니다. 관용적 표현이니 통째로 외우세요.

⏳ 더 알고 가기

미국에선 바에 가서 오랜 시간 동안 여러 잔을 마실 경우, 바텐더에게 신용카드를 맡겨 둡니다.
그런 다음 시킨 술이나 음식을 내 이름으로 달아 놓고 나중에 한꺼번에 계산합니다.
시킬 때마다 계산하면 귀찮잖아요. 그럴 땐 다음과 같이 말할 수 있어요.

<바텐더에게 음료를 시키며>

   Put this on my tab please! 이거 제 이름으로 달아 두세요!

<친구에게>

   You want another beer? Put it on my tab. I will pay when we leave!
   맥주 하나 더 먹고 싶다고? 내 이름으로 달아 놔. 내가 나갈 때 계산할게!

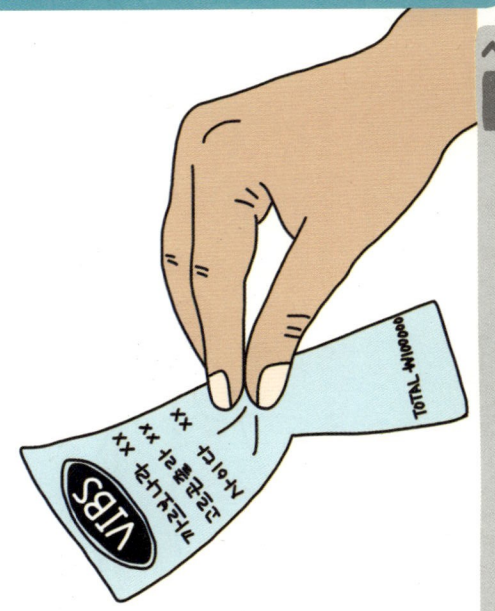

Let's drink at a bar tonight. It's on me.

오늘 밤 바에서 술 마시자. 내가 쏜다.

인심이 후한 건 정말 좋은 거지만 도가 지나치면 본인에게 해가 됩니다.
이런 사람을 두고 다음과 같이 말할 수 있어요.

He is generous to a fault.

쟤는 너무 인심이 좋아서 탈이야.

탈이 결함(fault)이라는 뜻이니 우리말과 똑같죠?
위 문장에서 보듯 to a fault 앞에는 긍정적인 성품을 지칭하는 단어가 들어갑니다.
우리말에서는 '쟤는 너무 뚱뚱해서 탈이야'처럼 앞에 부정적인 단어를 써도 자연스럽지만,
이걸 그대로 영어로 옮겨 He is fat to a fault.라고 하면 정말 어색한 거죠.

더 알고 가기
음식점 등에서 손님에게 공짜로 무엇을 제공해 줄 때에는 **on the house**라고 말해요.
(예) The wine is on the house. Please enjoy!
와인은 서비스입니다. 맛있게 드세요!

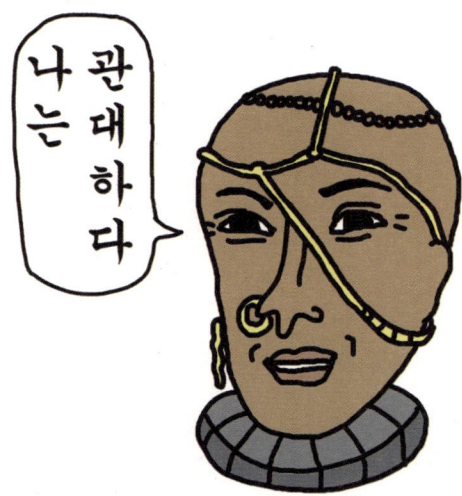

09 돈관리

이번에는 은행과 관련하여 쓸 수 있는 표현과 함께
예금, 인출, 이체 등 돈 관리에 관련된 생활 직결 표현들을 알아보겠습니다.

I am saving up for a new car.

나 차 새로 뽑으려고 돈 모으는 중이야.

save up은 의미가 save(저축하다)와 동일한데 이렇게 up을 붙여서도 씁니다.

I put aside 100,000 won every month to take a trip to Europe.

나 유럽으로 여행 가려고 매달 10만원씩 저축해.

put aside는 옆에 빼놓다라는 뜻으로,
보통 특정 목적을 위해 저축한다는 의미로 잘 쓰여요.

Piggy Bank = 저금통

I made a $100 deposit into my savings account.

I deposited $100 into my savings account.

나 저축 통장에 100달러 예금했어.

deposit은 예금이라는 명사로도 쓰고 예금하다라는 동사로도 씁니다. 명사로 쓸 때는 make와 함께 쓰세요.

은행 업무 중 가장 중요한 것 중 하나가 예금 인출과 계좌 이체죠? 그에 대한 표현은 어떻게 하는지 볼게요.

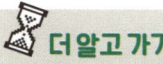
더 알고 가기

액수가 큰 돈을 잔돈으로 바꿔야 할 때가 있죠? 그럴 땐 어떻게 말할까요?

(예) **Can you please break this 20-dollar bill into ones?**
이 20달러 지폐를 1달러짜리로 바꿔 주실 수 있어요?

한국어의 깨다와 똑같죠? '1달러짜리'에 dollar bill이라는 단어가 안 붙은 게 보일 텐데 이렇게 단독으로도 잘 씁니다. one 뒤에 s가 붙은 건 20달러짜리를 1달러로 바꾸면 1달러가 20개가 되니 복수 명사가 된 것이고요. 응용 하나만 더 해 볼게요.

(예) **Can you please break this into 3 fives and 5 ones?**
이것 좀 5달러짜리 3개랑 1달러짜리 5개로 바꿔 주실 수 있어요?

I withdrew 1 million won from an ATM and spent it all on the same day.
나 현금입출금기에서 백만원 인출해서 그날 다 썼어.

I just transferred the money I borrowed from you, to your account.
나 너한테 빌린 돈 방금 네 계좌로 이체했다.

10 더럽게 부자야

돈 얘기에는 부자에 대한 표현을 빼놓을 수 없는데,
rich는 님들도 다 아실 테니 다른 어떤 표현을 잘 쓰는지 배워 볼게요.
우선 돈이 대단히 많은 사람에게 쓰는 더럽게 부자다라는 말을 영어로 살펴봅시다.

My friend is filthy rich.

내 친구는 더럽게 부자야.

filthy는 rich를 코믹하게 강조하는 표현입니다.
filthy가 매우 더러운이라는 의미이니 한국어랑 똑같죠?

Eric is loaded. He can afford a lamborghini.

에릭은 엄청 부자야. 람보르기니 정도는 살 수 있어.

load가 싣다, 적재하다라는 뜻이잖아요.
돈이 가득 실렸다라고 생각하면 '엄청 부자'가 맞겠죠?

I have a lot of wealthy friends.

나는 부자 친구들이 많아.

wealth가 재산이니 여기에 y를 붙여 형용사가 된 wealthy는 rich와 같다고 생각하면 됩니다.
돈 많은 사람들의 라이프 스타일에 관련된 몇 가지 표현을 배워 봐요.

Mrs. Kim buys her clothes at high-end shops.

김 여사님은 비싼 고급 숍에서 옷을 구입하셔.

high-end는 직역하면 높은 끝이라는 뜻으로,
가격의 높은 끝이라고 생각하여 비싸고 고급이라는 의미로 연결하면 쉬워요.
같은 맥락에서 비싸고 품격 있는 음식점을 high-end restaurant이라고 하죠.

I know someone who flies first class only.

내가 아는 어떤 사람은 퍼스트 클래스만 타.

진정한 부자의 상징인 퍼스트 클래스!
어렵게 생각할 필요 없이 클래스 종류를 fly 뒤에 바로 붙이기만 하면 되네요~
출장 가는 직장인들이 잘 타는 business class나 서민용 economy class도
이와 같이 사용해 주면 됩니다.

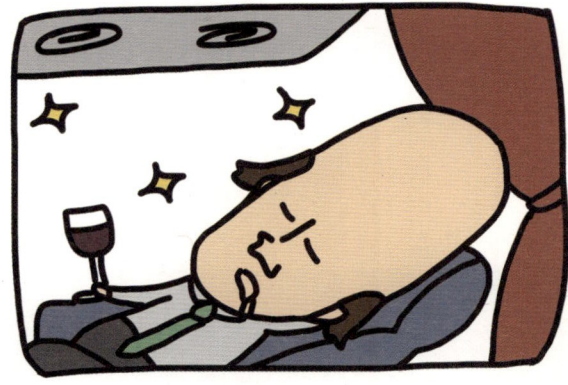

11 집이 잘 살아

| CHAPTER 1 | CHAPTER 2 | CHAPTER 3 | **CHAPTER 4** | CHAPTER 5 | CHAPTER 6 | CHAPTER 7 | CHAPTER 8 |

돈 많은 사람들에 대해 얘기할 때 빠지지 않고 나오는 말이 있죠? 바로 **"걔는 집이 잘 살아."** His family is rich. 말고도 뭐라 표현할 수 있을지 알아볼게요.

He is from a rich family.
걔는 부잣집 출신이야.

He was born into a rich family.
He was born into money.
걔는 돈 많은 집에서 태어났어.

He was born with a silver spoon in his mouth.
걔는 부자로 태어났어.

입에 은수저를 물고 태어났다는 것은 부잣집에 태어났다는 의미의 관용적 표현입니다.
그럼 서민들은 입에 스뎅 수저를 물고 태어나나? ㅠㅠ 괜히 씁쓸해지네요.

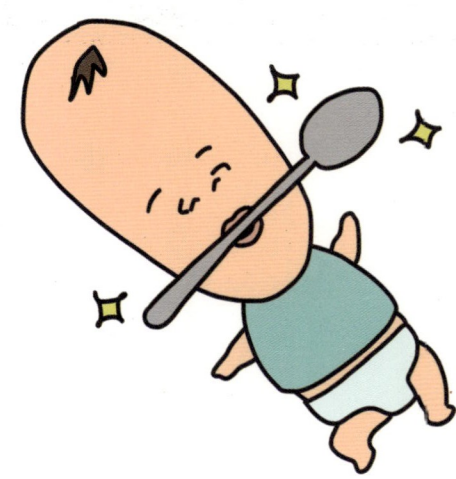

He inherited a huge fortune from his parents.
He received a huge inheritance from his parents.

걔는 부모님한테서 엄청난 재산을 상속받았어.

inherit(물려받다)은 돈 이외에 곱슬머리, 병 등 유전 성향을 물려받는다는 뜻으로도 씁니다.

반면, 물려받은 돈 덕이 아니라 스스로 부자가 된 경우는 뭐라고 할까요?

My father is a self-made man.

우리 아빠는 자수성가하셨어.

self-made man은 스스로 만든 사람이니 스스로 노력해 만들어진 부자, 즉 자수성가한 사람을 의미합니다.

I like hearing rags-to-riches stories.

나는 무일푼에서 부자가 된 사람들의 이야기를 듣는 게 좋아.

rags-to-riches를 직역하면 걸레(rag)에서 부(riches)로이니, 가난뱅이에서 부를 일궈 낸이라는 의미입니다. 관용적 표현이니 그대로 외워 두세요.

12 돈을 긁어모아

| CHAPTER 1 | CHAPTER 2 | CHAPTER 3 | **CHAPTER 4** N | CHAPTER 5 | CHAPTER 6 | CHAPTER 7 | CHAPTER 8 |

이번에는 운으로 부자가 된 경우가 아니라 스스로 돈을 번다라는 개념을 알아볼게요.

My husband makes a ton of money.
우리 남편 돈 엄청 벌어.

make money가 돈을 벌다라는 뜻인데, money 앞에 a ton of를 붙여 강조한 것입니다.

At my new job, I am making decent money.
새로 다니는 회사에서 돈을 괜찮게 벌고 있어.

돈을 잘 번다라고 하려면 decent 대신 good을 넣어 주면 돼요.

더 알고 가기

decent[디쎈트]는 good enough라는 뜻이에요. 즉, 한국어의 괜찮은과 정말 비슷하죠.

(예) Rick looks decent and is hard-working. 릭은 생긴 것도 괜찮고 일도 열심히 해.
Are there any decent restaurants around here? 이 주변에 괜찮은 음식점 있어?

내가 좀 부자…

With her new book, Sadie is raking in a lot of money.

세이디는 새로 출간한 책으로 돈을 엄청 긁어모으고 있어.

rake는 명사로 흙이나 낙엽을 긁어모으는 갈퀴를 뜻해요. 동사로는 갈퀴를 사용해 이런 것들을 긁어모으는 행위를 뜻하고요.
그러니까 rake in은 돈을 긁어모으다라는 의미로 해석할 수 있죠.

Money started rolling in. I am going to open another store soon.

돈이 굴러 들어오기 시작했어. 곧 매장을 하나 더 내려고.

roll이 구르다이고 in이 안으로이니 이것도 우리말의 굴러 들어오다랑 똑같죠?

13 더럽게 싸네

| CHAPTER 1 | CHAPTER 2 | CHAPTER 3 | **CHAPTER 4** | CHAPTER 5 | CHAPTER 6 | CHAPTER 7 | CHAPTER 8 |

하늘 높은 줄 모르고 치솟는 물가로 인해 만물이 비싸진 요즘,
싸고 괜찮은 물건을 사기가 하늘의 별따기입니다.

하지만 가끔 운수대통하여 엄청 싼 왕건이들을 건지게 되는데,
이럴 때 기쁜 마음을 어떻게 표현할까요?

These sunglasses are dirt cheap.

이 선글라스 더럽게 싸다.

dirt가 더러운 먼지, 흙이란 뜻이니 dirt cheap 하면 더럽게 싼이라는 말이에요.
우리말과 똑같죠? 또 다른 표현을 볼게요.

This car is a steal!

이 차 완전 거저다!

동사 **steal**(훔치다)을 이렇게 **명사**로 쓰면, 엄청 **싸다**는 의미가 됩니다.
가격이 너무 낮아서 훔친 것 같다는 생각이 들 정도라고 기억하세요.

그럼 **원 플러스 원**은 영어로 뭐라고 할까요??
그럴듯한 영어 조합이라고 미국에서도 쓸 것 같지만
사실 미국에서는 **Buy 1 Get 1 Free**라고 합니다.
쇼핑몰이나 슈퍼에 가면 이렇게 쓴 광고가 여기저기에 보일 거예요.

Bookstore clerk: **Buy one book and get another free!**

서점 점원: 책 하나 사시고 하나는 공짜로 받으세요!

매장에서 이런 말이 들리면, '원 플러스 원이구나!'라고 바로 알아들을 수 있겠죠?

14 더럽게 비싸네

| CHAPTER 1 | CHAPTER 2 | CHAPTER 3 | **CHAPTER 4** | CHAPTER 5 | CHAPTER 6 | CHAPTER 7 | CHAPTER 8 |

이번 장에선 앞 장과 정반대 표현을 배워 보겠습니다.
'엄청 비싸다'라고 불평을 할 때 expensive 앞에 very, really만 붙여도 의미가 전달되지만 풍부한 커뮤니케이션을 위해 다른 표현도 알아볼게요.

'더럽게 싸다'가 dirt cheap이었다고 '더럽게 비싸다'도 dirt expnsive라고 하면 안 돼요. 각각의 의미에 적합한 표현을 따로 알아 두어야 합니다.

This concert ticket cost an arm and a leg.

이 콘서트 티켓 더럽게 비쌌어.

직역하면 (이걸 구입하는 데) 팔과 다리가 들었다로, 매우 비싸다를 과장한 표현입니다.

This concert ticket cost me a fortune.

이 콘서트 티켓 엄청 비쌌어.

fortune이 재산이란 뜻이니까 직역하면 이걸 구입하는 데 전 재산이 들었다로, 역시 과장된 표현이에요.

What a rip-off! 터무니없이 비싸잖아!

rip-off는 불합리하게 비싼 물건/서비스에 쓸 수 있는 명사입니다. 아래처럼 동사로도 쓸 수 있어요.

The store ripped us off.
그 가게가 우리한테 바가지를 씌웠어.

We got ripped off.
우리 바가지 썼어.

위처럼 수동태로 써서 바가지를 쓴 사람을 주어로 말하기도 해요.

I like the dress, but it's a bit pricey.
이 드레스가 마음에 드는데 좀 비싸다.

pricey[프라이씨]는 가격(price)에 y만 붙여 비싼이라는 형용사로 변신한 겁니다.

Yeah, it is not worth ₩500,000.
응, 50만 원만큼의 가치는 없어.

Yeah, it is not worth the money.
응, 그 돈 주고 사기는 아까워.

not worth를 직역하면 돈의 가치를 못한다로, 돈이 아깝다, 가성비가 후지다의 의미랍니다.

이 정도는 알고 있겠지?

This picture makes my mouth water.
이 사진 보니까 군침 돈다.

I could eat a horse.
말 한 마리를 통째로 먹을 수 있을 것 같아.

I have a sweet tooth.
단 게 땡겨.

I think I overate.
나 과식한 것 같아.

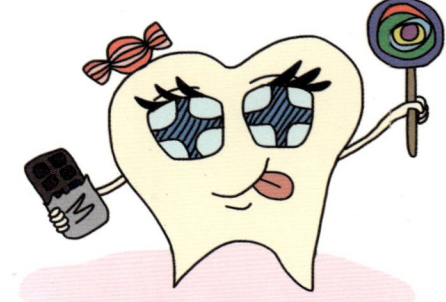

I am broke.
나 돈이 하나도 없어.

You are so cheap.
너 진짜 쪼잔하다.

My friend is filthy rich.
내 친구는 더럽게 부자야.

This car is a steal!
이 차 완전 거저다!

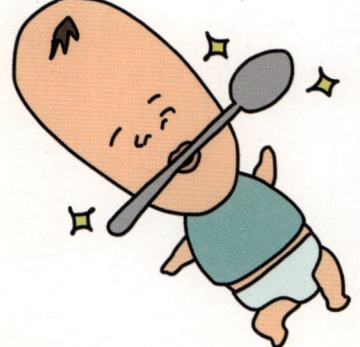

영어 중독자 두껍의
진짜
미쿡영어

나는 대학생이다

01 학교 어디 나왔니?
02 대망의 합격
03 전공과 부전공
04 수업 시간
05 교수님의 편애
06 수업 땼어
07 리포트 쓰기
08 밤새 공부했어
09 노력의 대가
10 시험 망했어
11 학점 관리
12 학비 벌기
13 휴학, 퇴학, 중퇴
14 졸업
15 취준생 신세 1
16 취준생 신세 2

01 학교 어디 나왔니?

CHAPTER 1 | CHAPTER 2 | CHAPTER 3 | CHAPTER 4 | **CHAPTER 5** | CHAPTER 6 | CHAPTER 7 | CHAPTER 8

누굴 처음 만나거나 소개 받을 때 빼놓지 않고 나오는 질문 중 하나는 바로 **"학교 어디 나왔니?"** 입니다.

Where did you go to school?
학교 어디 다니셨어요?

말 그대로 학교 어디로 갔었냐는 물음이니 우리말과 엄청 비슷하죠?

Which school did you go to?
어느 학교 다니셨어요?

다른 말로 이렇게 바꿀 수도 있는데, 이 또한 우리말과 겁나 비슷해요!
자, 그럼 비슷한 표현을 몇 개 더 배워 볼게요.

Her boyfriend went to Seoul National University.
걔 남친 서울대 나왔어.

어느 학교를 졸업했다라고 할 때 **graduate**를 쓰기도 하지만
더 쉬운 단어를 이용해서 **go**를 써도 됩니다.

굳이 따지자면 위 경우에는 중퇴도 포함이 되지만 대부분의 맥락에서는 졸업을 했다는 의미입니다.

I don't like people who go to prestigious schools. They are so cocky.
난 명문대 다니는 애들 싫어. 완전 잘난 척해.

prestigious[프리스티져스]는 명망 높은, 일류의라는 뜻이므로 명문대를 말할 때 쓸 수 있죠. cocky[카키]는 자신과 자신의 능력에 대한 자신감/우월감이 다른 사람에게 거슬릴 정도로 강한, 즉 잘난 척하는이라는 의미입니다.

서울대 나온 사람들을 말하고 싶으면
people who went to/graduated from Seoul National University
라고 풀어 주거나,
Seoul National University graduates
서울대 졸업생들
처럼 간단한 명사형을 만들면 돼요.

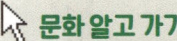

문화 알고 가기
미국에서는 반드시 물어봐야 하는 경우가 아니고서야 '학교 어디 나왔어?'라는 질문을 잘 하지 않아요. 학력을 그다지 중시하지 않아서 남이 어느 학교를 나왔건 전혀 궁금해 하지 않거든요. 뜬금없이 물어보는 것을 무례하다고도 생각한답니다.

02 대망의 합격

| CHAPTER 1 | CHAPTER 2 | CHAPTER 3 | CHAPTER 4 | **CHAPTER 5** | CHAPTER 6 | CHAPTER 7 | CHAPTER 8 |

학교에 대한 본격적인 이야기는 대학 합격에서부터 시간 순서대로 풀어 가도록 하겠습니다.

I got into a university in Seoul.
I got admitted to a university in Seoul.
I got accepted to a university in Seoul.
나 서울에 있는 대학 합격했어.

그냥 전치사 into만 쓰는 것부터 admit, accept 등의 동사를 활용하는 등 표현이 다양하죠?

시험을 잘 봤을 때 가족에게 받는 축하에 대해 쓰는 표현도 있죠.

My mom congratulated me on my test results.
My mom congratulated me for getting a good score.
엄마가 시험 결과를 축하해 주셨어.

congratulate는 축하하다라는 뜻이니 on과 for만 잘 구분하면 되겠죠?

147

입시 시즌에 민폐 캐릭터들을 빼놓을 수 없는데요.
그것은 바로 다른 수험생들 생각 안 하고 잘난 척하는 캐릭터죠.

He goes around telling people that he got into a good school.
걔는 자기가 좋은 학교 합격했다고 말하고 다녀.

go around telling people을 직역하면 사람들에게 ~을 말하면서 돌아다니다니까 여기저기 말하고 다니다와 같습니다.
관용적 표현이니 통째로 외워 두세요.

go around에 대한 응용 표현 하나만 더 볼까요?

Don't go around telling people my secret.
내 비밀 말하고 다니지 마.

03 전공과 부전공

| CHAPTER 1 | CHAPTER 2 | CHAPTER 3 | CHAPTER 4 | **CHAPTER 5** | CHAPTER 6 | CHAPTER 7 | CHAPTER 8 |

대학 하면 전공, 부전공 이야기를 빼놓을 수 없겠죠?
이번에는 전공에 대해서 묻고 답하는 등의 표현들을 알아볼게요.

What's your major?

너 전공이 뭐니?

major라는 명사가 전공이라는 의미인 건 아실 거예요.
그런데 전공하다라는 동사로도 쓸 수 있다는 점 알고 계셨나요?

I don't know what I want to major in.

난 뭘 전공하고 싶은지 모르겠어.

~을 전공하다에 전치사 in을 썼다는 것에 주의하세요.

이번에는 부전공, 복수 전공에 대한 표현까지 다뤄 보도록 할까요?

I majored in English literature and minored in mathematics.

나는 영문학을 전공했고 수학을 부전공했어.

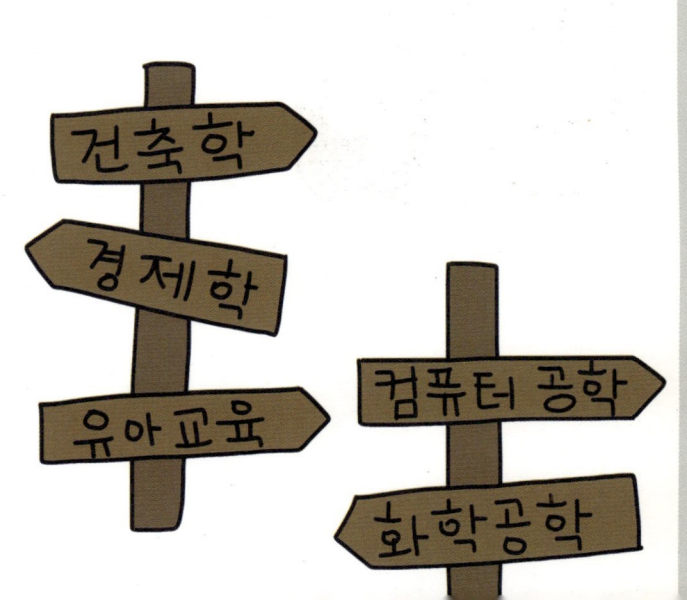

주요한을 의미하는 major와 소수의를 의미하는 minor의 의미 관계를 생각하면
전공과 부전공을 구분하여 외우는 것이 어렵지 않겠죠?

Will it be easy to get a job if I double major?

복수 전공을 하면 취업이 쉬울까?

double은 두 배의라는 의미이니 double major 하면
두 배로 전공하다, 즉 복수 전공하다라는 의미가 됩니다.

major는 전공한 사람을 의미하기도 해요.

Our company is hiring a computer science major.

우리 회사에서 컴퓨터 공학 전공자를 채용 중이야.

04 수업 시간

| CHAPTER 1 | CHAPTER 2 | CHAPTER 3 | CHAPTER 4 | **CHAPTER 5** N | CHAPTER 6 | CHAPTER 7 | CHAPTER 8 |

수강신청과 상관없이 그냥 수업에 들어갈 때는 청강한다고 하죠.
청강은 영어로 뭐라고 하는지 한 번 배워 볼게요.

I am going to sit in on my friend's class this week.

이번 주에 내 친구가 듣는 수업 청강할 거야.

sit in on이 생소해서 외우기가 힘들면 그냥 들어가(in) 앉아(sit) 있다라고 생각하세요.
또 다른 표현을 보겠습니다.

Yay! Professor Park let me audit her class.

아싸! 박교수님이 청강하게 해 주셨어.

위 두 가지 표현은 약간의 차이가 있는데, 참고로 알아 두세요.
sit in on은 하루 이틀 정도만 들어도 되는 **캐주얼한 청강**인 반면,
audit은 학점에 영향만 미치지 않을 뿐 실제 수강신청한 것처럼 열심히 들어야 하는 '**공식적인**' **청강**입니다.

지루하고 재미없는 수업이나 수강신청의 실패로 관심도 없는 수업을 듣게 되면 수업 시간 내내 혼이 육신을
떠나는 육체이탈을 경험하게 됩니다.

I zoned out in the middle of economics class.
I spaced out in the middle of economics class.
나 경제학 수업 중간에 완전 멍 때렸어.
zone out, space out은 지루하거나 힘들어서 집중을 하지 않고 정신을 놓아 버리는 것을 의미합니다. 멍 때리다라는 뜻이죠.

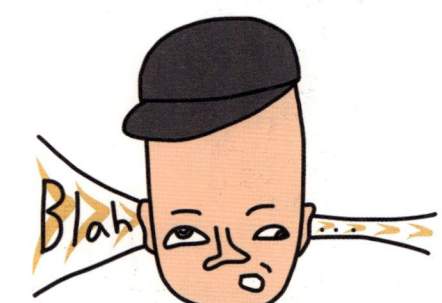

Everything covered in today's class went in one ear and out the other.
오늘 수업에서 다룬 거 전부 한 귀로 듣고 한 귀로 흘렸어.
go in one ear and out the other는 그대로 옮기면 한 귀로 들어가서 한 귀로 나오다로, 경청하지 않아 머릿속에 하나도 남지 않았다는 관용적 표현입니다. 가끔은 멍 때리기에서 더 나아가 잠이 드는 사태에 이르기도 하죠.

I always doze off in afternoon classes.
나는 오후 수업에서 맨날 졸아.

I drooled all over my book.
책 전체에 침을 흘렸어.

05 교수님의 편애

| CHAPTER 1 | CHAPTER 2 | CHAPTER 3 | CHAPTER 4 | **CHAPTER 5** | CHAPTER 6 | CHAPTER 7 | CHAPTER 8 |

어딜 가나 적극적이고 남다른 행동으로 교수님의 사랑을 듬뿍 받는 애들이 꼭 있습니다.
이런 애들이 학점도 잘 나와서 다른 학생들에게 시샘의 대상이 되곤 하죠.

Our professor plays favorites.

우리 교수님은 학생들을 편애해.

favorite은 가장 좋아하는 것이라는 뜻이니 그다지 어렵지 않죠?
play favorites는 자체로 편애하다라는 관용 표현이므로 그대로 외워 주세요.

He favors female students over male students.

남학생들보다 여학생들을 예뻐하고 잘해주셔.

favor는 어여삐 여기고 잘해주다라는 의미예요.
선생님의 총애를 받아 다른 학생들에 비해 특별한 대우를 받는 학생을 두고 다음과 같이 표현합니다.

In our history class, there is a guy who is a teacher's pet. He always sits in front.

역사 수업에 선생님이 편애하는 남자애가 있는데 맨날 앞 자리에 앉아.

153　학점을 위해서라면 선생님의 애완동물이 되는 것도 나쁘지 않을 것 같네요.
　　　총애를 받기 위한 잘 보이기와 이에 실패해 밉보인 상황을 배워 볼게요.

Professor Lee is very strict. It's good to stay on her good side.

이 교수님은 엄청 엄격하시니 계속 잘 보이는 게 좋아.

stay on one's good side 하면 ~의 좋은 쪽에 있다라는 뜻이니 쉽게 이해되죠? 반대의 경우는 good을 bad로 바꿔 주면 되죠.

Mike got on Professor Parker's bad side by leaving in the middle of class.

마이크는 수업 중간에 나가서 파커 교수님 눈 밖에 났어.

다른 표현으로 get on one's bad side라고 하면 눈 밖에 나다라는 의미가 됩니다.

> ⏳ **더 알고 가기**
>
> 교수라는 직함을 이름 앞에 붙일 때에는 아래와 같이 professor를 줄여서 씁니다.
>
> 예) **Prof. Lee**
> 　　이 교수님

06 수업 쨌어

| CHAPTER 1 | CHAPTER 2 | CHAPTER 3 | CHAPTER 4 | **CHAPTER 5** | CHAPTER 6 | CHAPTER 7 | CHAPTER 8 |

가끔 사정상 수업을 빠지는 경우가 있죠? 그 경우에 쓸 수 있는 표현을 배워 볼게요.

I missed my morning class because I overslept.
늦잠 자서 아침 수업 놓쳤어.

miss는 놓치다, 빠뜨리다라는 뜻으로, 수업을 빠진 것이 고의가 아닐 때 사용합니다.
그럼 고의로 수업에 들어가지 않는 경우는 뭐라고 할까요?

I skipped/cut 2 classes today.
나 오늘 수업 2개 쨌어.

Let's play hooky.
수업 째고 놀자.

위 표현들은 학교뿐 아니라 직장에서도 잘 쓰입니다.
일은 안 하고 상사 몰래 논다는 의미죠.

수업을 자주 빠지다 보면 수업 내용이 이해되지 않는 부작용이 나타납니다.

I didn't understand a thing in today's class.
오늘 수업 내용 한 개도 이해를 못 했어.

I didn't understand a single word that the professor said.
교수님이 하신 말 한 마디도 이해가 안 갔어.

not+a single은 단 한 개도/한 명도 ~하지 않다라고 강조하는 관용적 표현입니다.

다른 사람들에 비해 뒤처지고 있다는 말을 하고 싶을 때는 다음처럼 말하면 돼요.

I am falling behind/lagging behind in biology class.
나 생물학 수업에서 뒤처지고 있어.

I have to study a lot to catch up.
따라잡으려면 공부를 많이 해야 해.

07 리포트 쓰기

| CHAPTER 1 | CHAPTER 2 | CHAPTER 3 | CHAPTER 4 | **CHAPTER 5** N | CHAPTER 6 | CHAPTER 7 | CHAPTER 8 |

제 경험에 대학 다닐 때 제일 골치 아팠던 것은 리포트였던 것 같습니다. 쓸 말도 없는데 몇 페이지씩 억지로 써야 했던 고통이 아직도 생생하네요. 리포트 마감이 임박한 손 떨리는 순간을 영어로 먼저 알아보아요.

I have two papers due tomorrow!
내일 내야 하는 리포트가 2개 있어!

리포트는 report로 쓰기도 하지만 paper라고도 매우 자주 쓰니 기억해 두세요. 이때는 '종이'가 아니기 때문에 a paper 또는 papers와 같이 가산 명사로 씁니다. 내내 빈둥거리다가 마감 직전에 닥쳐서 제출한 경험들 다들 있으시죠?

I was goofing off the whole semester and finished the report at the last minute!
한 학기 내내 리포트 안 쓰고 빈둥거리다가 마감 직전에 끝냈어!

at the last minute은 마지막 분에, 즉 무엇을 미루고 있다가 어떤 일이 발생하기 직전에라는 의미로 자주 쓰이니 반드시 외워 두세요. 형용사 표현은 다음과 같답니다.

I made last-minute changes to my essay.
막판에 에세이를 좀 수정했어.

I cranked out a paper in 1 hour.
나 한 시간 만에 리포트를 막 썼어.

명사 crank는 기계를 돌릴 때 쓰는 '크랭크'라는 부품인데, 그런 맥락에서 crank out은 빠른 시간 내에 대량 생산하다라는 의미이며 여기에선 리포트를 막 써 내다입니다.

Jim copied my homework.
짐이 내 숙제 베꼈어.

학교 숙제를 말할 때 절대로 빼놓을 수 없는 문장입니다. copy의 원래 뜻이 복사하다이니 베끼다라는 의미도 있죠.

I just copied and pasted an article I found on the Internet.
인터넷에서 찾은 기사를 그냥 복사해서 붙여 넣기 했어.

copy & paste는 사실 Ctrl + C와 Ctrl + V로 대변되는 컴퓨터 용어로서, 남의 글을 긁어와(copy) 붙여 넣는(paste) 맥락에서도 잘 써요!

08 밤새 공부했어

CHAPTER 1 | CHAPTER 2 | CHAPTER 3 | CHAPTER 4 | **CHAPTER 5** | CHAPTER 6 | CHAPTER 7 | CHAPTER 8

학생의 본업이자 과업인 공부! 정말 하기 싫죠?
학기 초엔 수업만 들어가도 엄청난 일을 한 것처럼 빈둥빈둥 놀다가
시험 직전에 눈물 콧물 쏙 빼며 미친 듯이 공부하는 일이 태반일 거예요.

I cannot go drink with you today.
I have to hit the books.

나 오늘은 너랑 술 마시러 못 가. 공부해야 해.

hit the books는 '책들을 때리다'가 아니라 공부하다라는 관용적 표현입니다.

시험이 코앞인데 공부를 하나도 안 했을 땐 전날 밤은 당연히 새워야겠죠?
미국 학생들은 밤새우다를 어떻게 표현할까요?

I pulled an all-nighter for the math exam.

수학 시험 때문에 밤을 새웠어.

night(밤)+er(사람)=nighter(밤사람), 즉 밤사람이 되어 잠 안 자고 공부/일 등을 한다라고 생각하면 쉽겠죠? 다른 표현도 볼게요.

I stayed up all night studying.

나 한숨도 안 자고 공부했어.

stay up all night은 밤 내내 깨어 있었다는 뜻입니다.

밤까지 새우며 공부하는 **벼락치기**는 영어로 다음처럼 표현합니다.

I have to cram for tomorrow's English test.

나 내일 영어 시험을 위해 벼락치기 해야 해.

> ### ▶ 문화 알고 가기
>
> 미국은 카페인이 다량 함유된 energy drink가 다양하게 판매되고 있습니다.
> 이런 에너지 음료나 커피를 학생들이 남용하는 경우가 많은데요.
> 많이 마시면 힘이 쑥쑥 솟다가도 곧 마시기 전보다 더한 피로감이 전신을 휘감습니다.
> 이런 현상을 두고 **caffeine crash**라고 해요.
>
> 예) I am having a caffeine crash. I think I had too many energy drinks.
> 나 지금 피곤해서 맥을 못 추겠어. 에너지 음료를 너무 많이 마셨나 봐.

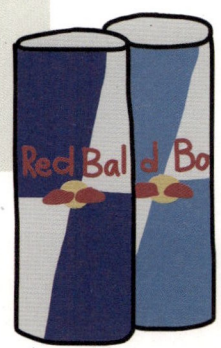

09 노력의 대가

| CHAPTER 1 | CHAPTER 2 | CHAPTER 3 | CHAPTER 4 | **CHAPTER 5**  | CHAPTER 6 | CHAPTER 7 | CHAPTER 8 |

앞 장에서 시험과 공부에 대한 이야기를 다뤄 봤는데요.
열심히 공부한 노력의 대가로 시험을 잘 본 경우에 말하는 표현을 알아볼게요.

Did you do well on the test?

너 시험 잘 봤니?

우리말로는 시험을 '보다'라고 하지만 영어로는 do (하다)라고 해요. 전치사 on도 꼭 기억하세요!

I have a good feeling about the exam.

나 시험 잘 본 것 같아.

have a good feeling about ~은 ~에 대해 느낌이 좋다라는 관용적 표현입니다.
반대의 경우는 good을 bad로만 바꿔 주면 되죠.

I aced the physics exam.

나 물리 시험 엄청 잘 봤어.

어떤 것을 잘 하는 사람을 두고 '에이스'라고 부르잖아요.
같은 맥락으로 동사 ace는 어떤 것을 매우 잘하다, 시험의 경우 엄청 잘 보다라는 의미랍니다.

유사한 표현으로는 다음과 같은 것들이 있어요.

I passed the grammar test with flying colors.

문법 시험을 수월하게 통과했어.

pass ~ with flying colors를 직역하면 **날아가는 색깔들로 통과하다**인데, **좋은 성적으로 쉽게 통과하다**라는 구어체 표현입니다.

위처럼 노력의 대가를 제대로 받은 사람에게는 다음과 같이 얘기해 줄 수 있어요.

Your hard work finally paid off.

엄청 노력하더니 마침내 빛을 보는구나.

앞에서 **pay off**를 '빚을 다 갚다'라고 배웠는데요. **(노력의) 성과/효과가 있다**, **대가를 받다**라는 의미도 있어요.

10 시험 망했어

| CHAPTER 1 | CHAPTER 2 | CHAPTER 3 | CHAPTER 4 | **CHAPTER 5** | CHAPTER 6 | CHAPTER 7 | CHAPTER 8 |

시험을 잘 볼 때가 있으면 완전히 망할 때도 있죠.
사실 잘 보는 경우보다 못 보는 경우가 더 많으므로 이번 장의 표현들이 훨씬 와 닿을 거예요~

My mind went blank during the exam.

시험을 보는 데 아무 생각도 안 났어.

mind goes blank는 충격이나 긴장으로 인해 아무 기억도 안 나는 멘붕 상태를 의미합니다. 우리말의 머리가 하얘지다에 가깝죠.

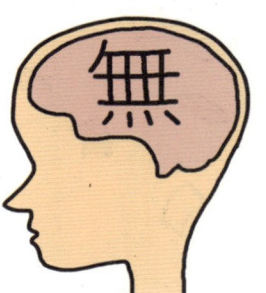

I made a random guess on the first question.

나 첫 번째 문제 찍었어.

make a random guess는 우리말의 모르는 문제를 찍다라는 말과 의미가 같아요. 직역하면 무작위 추측을 하다라는 뜻이니까요.
공부를 안 하고 이렇게 찍는 경우 시험 결과는 불 보듯 뻔하죠.

I bombed the finals.

나 기말 고사 완전 망쳤어.

시험지 위에 폭탄(bomb)이 터지는 것을 상상하면 완전 망치다라는 뜻이 연상되죠?

비슷한 표현을 하나 더 볼게요.

I flunked the history exam.
나 역사 시험을 통과하지 못했어.

flunk는 시험에서 낙제하다, 시험 통과에 실패하다라는 뜻이에요.
시험을 못 봐서 부모님께 혼날 것이 걱정되는 경우 뭐라고 말하면 좋을까요?

My mom will definitely ground me.
엄마가 분명 날 외출금지 시킬 거야.

명사 ground는 땅의 의미가 있잖아요.
동사로는 외출금지 시키다라는 뜻이 되는데, 그림에서 보듯 땅에 묻어 못 나오게 하는 것처럼 (자녀가) 집에서 꼼짝 못하게 외출금지 시키다라는 의미라고 외워 주세요.

그럼 반대로 집에서 쫓겨나다는 뭐라고 할까요?

I will get kicked out of the house.
나 집에서 쫓겨날 거야.

get kicked out of ~ 하면 발로 차여 집에서 아웃되다이니까 쫓겨나다라는 말이에요.
다들 공부 열심히 해서 길에서 불쌍하게 배회하는 일 없도록 합시다!

살려줘요...

11 학점 관리

| CHAPTER 1 | CHAPTER 2 | CHAPTER 3 | CHAPTER 4 | **CHAPTER 5** | CHAPTER 6 | CHAPTER 7 | CHAPTER 8 |

스펙을 높이기 위해서 가장 기본이 되는 것은 학점 관리겠죠.
학교를 졸업한 지가 백만 년이 흐른 지금,
한 과목 학점 때문에 장학금이 오가고 피 터지게 과제를 하던 걸 생각하면 대단했다는 생각만 듭니다. ㅎㅎ

평점(GPA: Grade Point Average) 같은 기본적인 단어 외에 학점 관련해서 나올 만한 말들을 몇 가지 다뤄 볼게요.

I got a B in physics class. (o)
I got B in physics class. (x)

나 물리 수업에서 B 받았어.

학점을 받는다는 표현의 get이 너무 쉽다고 그냥 지나치지 마세요.
학점 B 앞에 관사 a가 쓰인 걸 눈여겨봐야 합니다.

예를 들어 '이번 학기에 A를 5개 받았어'라고 하려면
A를 복수로 만들어 **five A's**라고 해 줘야 하거든요.
이렇게 디테일한 부분까지 잘 알고 있는 게 진짜로 영어를 잘하는 거예요.

Hanna is an all-A-student. She studies 24/7.

한나는 A만 받는 우등생이야. 맨날 공부만 해.

all-A-student(전부 A만 받는 학생)는 우리말에서 100점만 받는다는 표현의 올백과 비슷하죠?
24/7은 twenty-four hours a day, seven days a week(하루에 24시간, 일주일에 7일)의 약자로,
항상, 언제나라는 의미입니다. 읽을 때는 [투워니 포 쎄븐]으로 발음해 주세요.

The professor is infamous for giving shitty grades.

그 교수님은 점수를 거지 같이 주시기로 악명 높아.

famous가 (좋은 걸로) 유명하다이면, infamous[인퍼머스]는 (나쁜 걸로) 유명하다,
즉 악명 높다라는 말입니다.
shitty[쉬리]는 shit(똥) 같은이라는 뜻으로, 한국말의 거지 같은에 가깝다고 할 수 있어요.
shit이 들어 있으니 shitty도 대화 상대에 따라 가려서 쓰세요.

Prof. Kim started grading our papers.
I am dying to know the results.

김 교수님이 우리 리포트 점수 매기기 시작하셨어. 결과 알고 싶어 죽겠다.

grade가 점수 매기다라는 동사로도 쓰인다는 점 알아 두세요.
be dying to ~는 ~를 너무 하고 싶다는 표현으로,
죽을 정도로 뭐가 하고 싶다고 생각하면 되겠죠?

12 학비벌기

| CHAPTER 1 | CHAPTER 2 | CHAPTER 3 | CHAPTER 4 | **CHAPTER 5** N | CHAPTER 6 | CHAPTER 7 | CHAPTER 8 |

요즘 등록금이 엄청 비싸죠? ㅠㅠ
학자금 때문에 빚을 짊어지고 사회에 나가게 될 정도로 슬픈 현실입니다.

The school increased tuition by 1 million won per year. 학교가 등록금을 연간 1백만 원 올렸어.
increase/decrease에 by를 쓰면 그만큼의 액수가 증가/감소한다는 의미예요.
전치사 to 와는 의미가 완전히 다르죠.
(The school increased tuition to 7 million won. → 학교가 등록금을 올려 7백만 원이 되었다.)

I am trying to get a full-tuition scholarship next semester. 나 다음 학기에 전액 장학금 받으려고 노력 중이야.
scholarship은 장학금이라는 뜻인데,
full-tuition과 함께 쓰이면 전액 장학금이라는 말이 돼요.

I don't like being a burden on my parents. 나는 부모님께 부담이 되는 게 싫어.

burden은 짐이라는 뜻이니까 be a burden on ~(~에게 짐이 되다)은 우리말과 정말 똑같죠? 아래와 같이 burden은 동사로도 쓸 수 있다는 점 알아 두세요.

I don't want to burden my parents.
부모님께 부담을 드리고 싶지 않아.

이런 상황에서 장학금을 못 받으면 몸으로 때워야겠죠?

To pay for school, I work 15 hours a week on campus/off campus.
난 등록금을 내려고 학교에서 / 학교 밖에서 1주일에 15시간씩 일해.

등록금을 내다라고 할 때 pay tuition이라고 해도 되고 pay for school이라고 해도 됩니다. 자립심 강한 학생들은 다음과 같이 자랑스럽게 말할 수 있겠죠.

I paid my way through college.
난 대학을 내 힘으로 다녔어.

through에 처음부터 끝까지라는 뜻이 있잖아요. 그래서 pay my way through college 하면 대학 처음부터 끝까지를 내가 스스로 돈을 냈다가 돼요.

13 휴학, 퇴학, 중퇴

| CHAPTER 1 | CHAPTER 2 | CHAPTER 3 | CHAPTER 4 | **CHAPTER 5** N | CHAPTER 6 | CHAPTER 7 | CHAPTER 8 |

언제나 학교를 평탄하게 다니기는 쉽지 않죠.
학교를 다니지 않게 되는 여러 상황을 알아볼게요.

I took 2 semesters off to help with the family.
집안을 도우려고 2학기 휴학했어.

take off는 여러 가지 뜻이 있는데, 그중 하나가 잠깐 쉬다라는 의미예요.
~를 쉰다고 표현하려면 아래처럼 from을 함께 쓰면 됩니다.

I am so stressed. I am thinking about taking some time off from school.
나 스트레스를 너무 받았어. 학교 좀 쉬려고 생각 중이야.

성적이 너무 안 좋거나 학생으로서의 기본 요건을 갖추지 못해 잘린 경우에는 뭐라고 할까요?

My friend flunked out of college.
내 친구는 대학에서 퇴학 당했어.

앞에서 **flunk**는 시험에서 낙제하다라는 뜻이라고 했죠?
flunk를 계속하다가 **out** 되었다고 연상하면 **flunk out**(퇴학당하다)을 외우기 쉬울 거예요.
나쁜 짓을 해서 퇴학당하는것에 대해서는 **be expelled**를 쓰세요.

스스로 원해서 학교를 그만두는 경우에 대해서 알아볼게요.

My best friend dropped out of school and tried to talk me into doing the same.
내 절친이 학교를 중퇴하고는 나도 하라고 꼬드기려 했어.
drop out of ~는 ~에서 중도하차하다라는 뜻입니다.

명사로 **dropout**은 중퇴한 사람을 의미하죠.
Mike is a high school dropout.
마이크는 고등학교 중퇴자야.

14 졸업

| CHAPTER 1 | CHAPTER 2 | CHAPTER 3 | CHAPTER 4 | **CHAPTER 5** N | CHAPTER 6 | CHAPTER 7 | CHAPTER 8 |

이제 학교의 마지막 장인 졸업과 이때 받게 되는 학위에 대해서 살펴보겠습니다.

My son graduated from college with honors.
내 아들은 대학을 성적 우수로 졸업했어.

graduate이 졸업하다라는 의미인 것은 아시죠?
with honors 하면 성적 우수로, 우등으로라는 의미랍니다.

I graduated summa cum laude. 나는 최우수로 졸업했어.

summa cum laude라니, 이상하게 생긴 표현이죠?
이 표현은 영어가 아닌 라틴어예요. 라틴어를 유래로 정착된 영어 표현도 많으니 알아두세요.

Who is going to give the commencement speech this year? 이번에는 누가 졸업식 축사를 하지?

commencement는 사전에서 시작으로 나오는데, 이게 졸업과 무슨 상관인지 어리둥절한 님들이 있을 거예요. 졸업은 학교 생활의 끝이지만 졸업과 동시에 사회 생활을 시작하게 되므로 졸업식이라는 의미도 갖게 되었습니다. 졸업식 안내장 같은 데에 잘 쓰여요.

I got my master's degree from XX University.
나는 XX 대학에서 석사를 받았어.

degree는 학위라는 뜻인데, 모든 학위에 적용해서 쓸 수 있는 것은 아니니까 주의하세요. 학위는 여러 가지로 나뉠 수 있는데, 가장 일반적인 것들만 대표로 알아볼게요.

associate's degree	2년제 대학에서 받은 학위
B.A.(Bachelor of Arts)	문과계 학사, [비에이]
B.S.(Bachelor of Science)	이과계 학사, [비에쓰]
M.A.(Master of Arts)	문과계 석사, [엠에이]
M.S.(Master of Science)	이과계 석사, [엠에쓰]
Ph.D.(Doctor of Philosophy)	박사, [피에이치디]

I could not find a job. So I enrolled in graduate school.
나 직장을 못 구해서 대학원에 등록했어.

대학원은 대학교 졸업 후의 학교라고 해서 **graduate school**이라고 합니다. 졸업 학교라고 이상하게 해석하지 마세요.

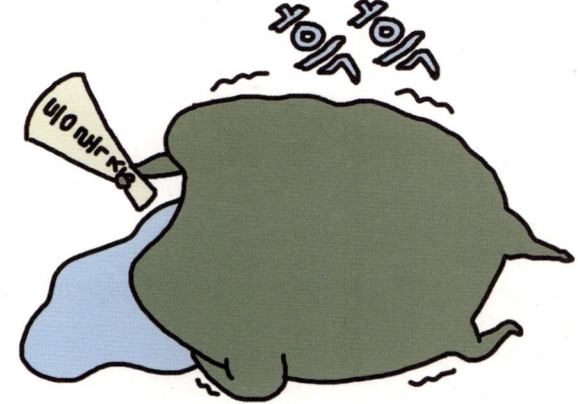

15 취준생 신세 1

| CHAPTER 1 | CHAPTER 2 | CHAPTER 3 | CHAPTER 4 | **CHAPTER 5** | CHAPTER 6 | CHAPTER 7 | CHAPTER 8 |

요즘 취업난 정말 심각하죠?
학교만 졸업하면 어렵지 않게 취업할 수 있었던 시절이 언제였는지 기억도 안 날 지경이에요.

The job market is terrible. I am dreading leaving school. 취업난이 심각해. 나 학교를 떠나는 게 두려워.
영어에서 취업난이라는 정확한 표현은 따로 없고 **취업 시장(job market)이 나쁘다**라고 표현하는 것이 자연스럽습니다. **dread+-ing** 하면 **~하는 것을 두려워하다**라는 의미예요.

job market과 관련된 표현을 좀 더 볼게요.

Try to get the job you want. But don't get your hopes up. It's an employer's market.
원하는 일을 얻기 위해 노력하되 너무 기대는 하지 마. 일자리가 별로 없어.
employer's market를 직역하면 **고용주의 시장**으로
일자리에 비해 구직자가 많아서 **고용주들에게 유리한 시기**를 말해요.

반대로 **employee's market**(고용인의 시장) 시기에는 일자리가 구직자보다 많아 회사에서 서로 데려가려고 하기 때문에 좋은 직장을 골라서 갈 수가 있죠.

In an employee's market, you can get a job at any company you want, with your résumé.
일자리가 많은 시기에는 네 이력서로 원하는 회사 아무 데나 갈 수 있어.

먹고살려면 취업난이 심각하거나 아니거나 **이력서**(resume 또는 résumé로 발음은 [뤠즈메])는 계속 써야 합니다.
그런데 미국에서는 입사 지원을 할 때 resume가 아니라 **CV(curriculum vitae)**를 보내 달라고 하는 경우가 많아요.
그런데 CV는 resume와 거의 같은 것으로 생각하셔도 무리가 없답니다.

16 취준생 신세 2

| CHAPTER 1 | CHAPTER 2 | CHAPTER 3 | CHAPTER 4 | **CHAPTER 5** | CHAPTER 6 | CHAPTER 7 | CHAPTER 8 |

앞 장에 이어 구직과 관련된 눈물 어린 표현들을 알아볼게요.

We are not hiring now.
We have no job openings now.
우리 회사는 지금 사람 안 뽑아요.
hire는 고용하다라는 의미의 동사예요.
have no job openings는 일자리(job) 열린 것(opening)이 없다라고 생각하면 되죠.

The position has been filled already.
그 자리 이미 찼어.
fill은 채우다이니까 우리말과 의미가 똑같죠?

I have been looking for work/jobs for the past year.
I have been job searching for the past year.
나 지난 1년간 계속 구직 중이었어.

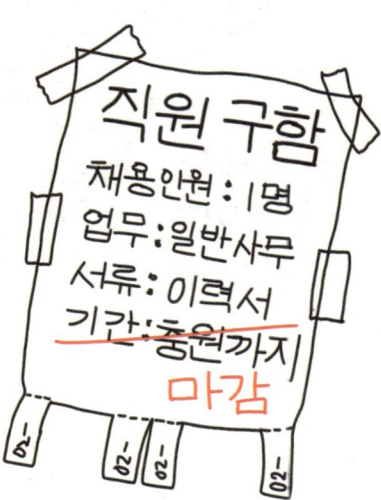

I applied to 10 companies, but I have not heard from any of them.
회사 열 군데에 지원했는데, 한 군데에서도 연락이 안 왔어.

연락이 안 왔어는 간단하게 **have not heard**(들은 것이 없다)라고 연상하면 됩니다.

취업이 안 돼서 낙담한 친구에게는 다음과 같이 응원해 주세요.

Hang in there! You will land a job soon!
힘내! 곧 취직될 거야!

영어 중독자 두껍의
진짜
미쿡영어

CHAPTER 6
직장인의 삶이란

- 01 억대 연봉
- 02 쥐꼬리만 한 월급
- 03 고된 노동
- 04 가장의 비애
- 05 비전 없는 직장
- 06 일손이 딸려
- 07 미친 듯이 바빠
- 08 힘들어 죽겠어
- 09 못된 상사
- 10 짜증나는 동료
- 11 피땀의 대가
- 12 병가와 휴가
- 13 임금 인상과 동결
- 14 내가 그만둔 거야
- 15 회사가 망했어요
- 16 백수와 백조

01 억대 연봉

CHAPTER 1 | CHAPTER 2 | CHAPTER 3 | CHAPTER 4 | CHAPTER 5 | **CHAPTER 6** | CHAPTER 7 | CHAPTER 8

이제 직장인의 생활을 둘러볼게요. 대한민국 모든 직장인의 로망, 억대 연봉!
미국에서도 높은 연봉에 대한 동경은 마찬가지라 **억대 연봉**과 동일한 표현이 있습니다.

I make a 6-figure salary.

나 억대 연봉 받아.

6 figure는 6자리라는 의미예요. $100,000와 같은 6자리 금액을 원화 기준으로 환산하면 **1억 원**이 되죠. 그래서 **6-figure salary**가 **억대 연봉**인 거고요.

참고로 **연봉**은 영어로 **annual salary**라고 합니다.
보통 정규직 월급은 당연히 연 단위로 계산되기 때문에 위처럼 **annual**을 빼고 말하는 경우가 많아요.

연봉 이야기가 나올 때 잘 나오는 표현이 또 있어요.

I make 60k. 나 6만 달러 벌어.(나 연봉 6천이야.)

우리말로는 **나 연봉 6천이야**라는 말입니다. **k**는 앞에서도 말했듯이 **천(1000)**을 의미해요.

한국도 세율이 많이 높아졌다지만 미국은 세율이 정말 높아서 수입이 아무리 많아도 **Uncle Sam**에게 뜯기고 나면 얼마 남지 않아요.
Uncle Sam이 누구냐고요? 영어로 **정부/공권력**을 의미하는 표현입니다.
그래서 미국에서는 수입을 이야기할 때 세 전, 세 후의 의미가 큽니다.
Uncle Sam에 대한 대표적인 예로 **J. M. Flagg**가 1917년에 그린 미군 모병 포스터가 있는데, 이건 너무 유명해서 미국 사람들은 샘 아저씨 하면 이 이미지를 바로 떠올린다고 해요.

세 전과 세 후에 대해 표현하려면 아래처럼 말하도록 하세요.

I earned 100 million won before tax last year.
나 작년에 세전 1억 벌었어.

I only get $7 per hour after tax.
나 세후 시간당 $7밖에 못 벌어.

내가 바로 샘 아저씨다!

02 쥐꼬리만 한 월급

| CHAPTER 1 | CHAPTER 2 | CHAPTER 3 | CHAPTER 4 | CHAPTER 5 | **CHAPTER 6** N | CHAPTER 7 | CHAPTER 8 |

경기 악화로 월급은 안 오르고, 생활비만 더 들어 가뜩이나 적은 월급이 한없이 적게만 느껴지는데요. 쥐꼬리만 한 월급과 그로 인한 팍팍한 생활에 관련된 표현을 알아볼게요.

I make ₩5,000 an hour.
나 한 시간에 5천 원 벌어.

돈을 벌다라는 의미에 earn보다 더 쉬운 단어로 make가 있어요.
그리고 액수 뒤에 바로 an hour가 붙은 걸 주의해서 보세요. 물론 per hour로 바꿔도 됩니다.

I get paid so little.
나 돈 진짜 조금 받아.

make 외에 get paid라고 해도 동일하게 돈 벌다라는 의미가 되죠.

You will only get minimum wage at convenience stores.
편의점에서는 최저 임금밖에 못 벌 거야.

minimum wage는 최소한의 급여, 즉 최저 임금이라는 뜻입니다.

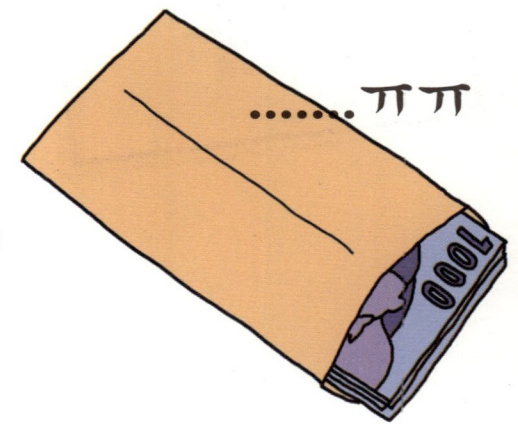

My annual salary is way below the industry average.

내 연봉은 업계 평균보다 한참 밑이야.

below average는 평균 이하라는 관용적 표현입니다. 평균 이상은 **above average**겠죠.
그리고 **way**를 '방법', '길'이라는 뜻으로만 알고 있죠? 그런데 **very**라는 뜻의 강조 부사로도 자주 쓰이니 반드시 알아두세요.

돈을 잘 벌지 못하는 현상에 대해 비유적으로 말하는 표현들도 알아볼까요?

I live paycheck to paycheck. 나 하루 벌어 하루 살아.

paycheck은 급여라는 의미입니다.
live paycheck to paycheck은
'이번 달에 받은 급여에서 다음 달 급여로 겨우 이어 나간다'는 의미로,
저축 없이 버는 족족 다 쓴다라는 뜻입니다.
우리말의 하루 벌어 하루 산다와 같아요.

With my pay, I barely make ends meet.

내 급여로는 입에 겨우 풀칠만 해.

make ends meet은 직역하면 양쪽 끝을 만나게 하다,
즉 수입과 지출을 맞추다라는 뜻입니다.
여기에 간신히 ~하다라는 **barely**가 붙어 겨우 먹고산다라는 의미가 된 거예요.

03 고된 노동

| CHAPTER 1 | CHAPTER 2 | CHAPTER 3 | CHAPTER 4 | CHAPTER 5 | **CHAPTER 6** | CHAPTER 7 | CHAPTER 8 |

돈벌이를 해본 님들은 남의 돈을 번다는 것이 얼마나 힘든지 잘 알 거예요.
일과 관련하여 중요한 몇 가지 배워 볼게요.

To make a living, I do manual labor.
난 생활비를 벌기 위해 막노동을 해.
make a living 하면 생계를 유지하다, 즉 생활비를 벌다라는 의미예요.
그리고 manual labor는 수동 노동, 즉 막노동이라는 뜻이죠.

After a long day of backbreaking work at the construction site, I feel exhausted.
공사장에서 하루 종일 허리가 휘도록 일하고 나면 엄청 피곤해.
backbreaking work를 직역하면 허리가 부러지는 일로,
막노동과 같이 육체적으로 굉장히 힘든 일을 말합니다.
우리말의 뼈 빠지게, 허리가 휘도록과 의미가 비슷하죠?

To send my kids to college, I work 2 jobs.
나 애들 대학 보내려고 투잡 뛰어.

여기서 work는 동사로 쓰였고 바로 다음에 목적어로 **2 jobs**가 왔어요.
우리말의 **투잡**과 동일하네요~

I work the night shift/graveyard shift.
나 밤 교대로 일해.

shift는 교대라는 뜻이에요.
그러니 **night shift**는 말 그대로 밤 교대가 되겠죠.
graveyard shift는 밤 12시에 시작하여 아침 8시에 근무가 끝나는 교대를 뜻해요.

Just like most office workers, I want to have a 9-to-5 job.
대부분의 회사원들처럼 나도 9시에서 5시까지 근무하는 직장에서 일하고 싶어.

일반적인 사무직의 **회사원**은 **office worker**라고 해요.
미국에서는 사무직의 경우 보통 9시 출근에 5시 퇴근이기 때문에 **9-to-5**는 관용적 표현으로 알아두세요. 문자 그대로 [나인 투 파이브]라고 읽어 주면 됩니다.

더 알고 가기
밤에 하는 일을 왜 난데없이 묘지 교대라고 할까요?

옛날 영국에서는 사람이 의식만 없어져도 죽었다고 생각하고 땅에 묻어 버렸다고 해요. 나중에 관을 꺼내 보면 관 안쪽에 묻힐 당시 죽지 않았던 사람들의 손톱 자국이 나 있는 경우가 종종 있었다고 합니다.
이런 '생매장 사고'를 방지하기 위해 사람을 묻을 때 종에 실을 묶어 관까지 연결했다네요. 만약에 의식이 돌아오면 이 실을 당겨 바깥 사람들이 종소리를 들을 수 있도록요.
그리고 밤에는 사람들이 다니지 않으니 밤 동안 묘지를 지키는 일이 생겼고, 그것이 **graveyard shift**의 유래가 되었다고 합니다.

04 가장의 비애

| CHAPTER 1 | CHAPTER 2 | CHAPTER 3 | CHAPTER 4 | CHAPTER 5 | **CHAPTER 6** N | CHAPTER 7 | CHAPTER 8 |

가족의 생계를 책임지는 사람을 '가장'이라고 부르는 데 영어에는 어떤 표현이 있을까요?
가장 간단한 단어로는 **head of the family**(가정의 대표)라는 표현이 있어요.
다른 재밌는 표현들도 알아보죠.

My older sister is the breadwinner in the family.
우리 집은 누나가 생계를 책임져.

breadwinner를 우리말로 직역하면 빵을 얻어오는 사람으로,
밥벌이를 하는 사람이라는 의미입니다. 밥도 아니고 빵이라니, 겁나 서양 돋는 표현이죠?

Quit playing video games and bring home the bacon!
게임 좀 하지 말고 돈 벌어 와!

집에 베이컨을 가져오다도 같은 의미입니다. ㅎㅎ
빵과 베이컨 등이 주식인 서양이니까 가능한 표현이겠죠.

My wife supported me while I was studying for my Ph.D.
내가 박사 공부할 때 와이프가 뒷바라지해 줬어.

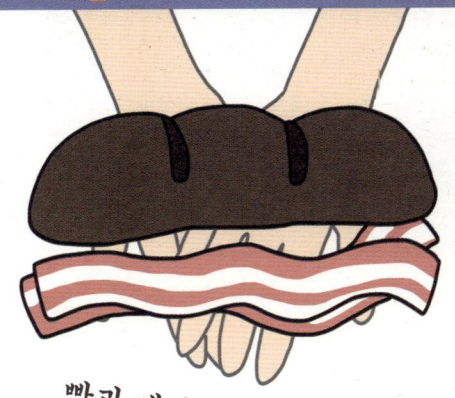

빵과 베이컨을 가져오라...

support는 지원하다라는 뜻으로, 여러 가지 의미로 쓰여요.
심적으로 힘들어 하는 사람에게 힘이 되어 주다, 응원하다도 되고
생계 및 금전적으로 힘들어 하는 사람에게는 금전적으로 지원하다, 부양하다 등으로 쓰이죠.

My wife is pregnant. Now I have another mouth to feed.
와이프가 임신했어. 이제 먹여 살릴 사람이 하나 더 늘었어.
mouth to feed(먹일 입)이라니 우리말과 똑같죠?

How am I going to put food on the table?
가족들을 어떻게 먹여 살리지?
put food on the table을 직역하면 식탁에 음식을 놓다니까
가족들이 먹고살 수 있을 만큼의 음식을 제공한다는 관용적 표현이에요.
아무리 어려운 때라도 긍정적인 마음을 가지면 언젠가는 좋은 일이 생길 거예요.

At least, we have a roof over our heads.
적어도 우린 잘 데는 있잖니.
have a roof over one's head 하면 ~의 머리 위에 지붕이 있다,
즉 몸을 뉘일 집이 있다는 의미의 비유적 표현입니다.

05 비전없는 직장

| CHAPTER 1 | CHAPTER 2 | CHAPTER 3 | CHAPTER 4 | CHAPTER 5 | **CHAPTER 6** | CHAPTER 7 | CHAPTER 8 |

직장 생활을 하다 보면 쳇바퀴 돌듯 똑같은 일상에 얻는 것 없이 시간만 때우는 일이 있습니다. 이런 일을 두고 비전이 없다고 말하는데, 영어에선 어떻게 표현하는지 알아볼까요?

A: **How do you like your new job?**
새 직장 어때?

B: **I don't like it. It is a dead-end job.**
맘에 안 들어. 비전없는 일이야.

dead-end는 사실 **막다른 길**을 뜻하는데, **job** 앞에 붙어 **발전성/장래성이 없는 일**이라는 의미로 쓰였습니다.

I felt like I was stuck in a rut, and decided to change jobs.
판에 박힌 일을 하고 있다는 생각에 이직을 결심했어.

in a rut은 관용적 표현으로, **판에 박힌**, 즉 일상생활 또는 직장 생활에 변화가 없어 매일이 똑같고 지루한 상황을 의미합니다.

At this company, work is easy, but I am not going anywhere in my career.

이 회사는 일은 쉬운데 커리어 발전에 도움이 안 돼.

not go anywhere는 직역하면 아무 데에도 가고 있지 않다, 그 자리에 그대로 있다인데, 의역하여 발전/향상되고 있지 않다라는 의미로 잘 쓰입니다.

I don't want to go to the trouble of finding another job.

굳이 다른 직장을 찾고 싶지 않아.

go to the trouble of -ing는 굳이 귀찮게 ~하다라는 관용 표현이며, 여기서의 **trouble**은 '문제', '말썽'이라기보다는 어떤 일을 위한 '수고'를 뜻합니다.

더 알고 가기

요즘 직장인들은 자기계발서도 정말 많이 읽죠.
처세술, 재테크법, 마음을 다스리는 법 등등 자신을 발전시키기 위한 책들이 많은데요.
자기계발서는 미국에서 **self-help book** 이라고 부르고,
서점에서도 self-help 섹션이 따로 마련되어 있을 정도로 인기가 많아요.

예) **Self-help books are selling like hotcakes in Korea.**
　　한국에서는 자기계발서가 불티나게 팔리고 있어.

06 일손이 딸려

| CHAPTER 1 | CHAPTER 2 | CHAPTER 3 | CHAPTER 4 | CHAPTER 5 | **CHAPTER 6** | CHAPTER 7 | CHAPTER 8 |

직장 생활을 할 때 같이 일하는 동료의 부재 등으로 일손이 부족할 때가 있습니다. 그럴 때 어떤 말을 할 수 있는지 알아볼게요.

Our store is short-handed because the Christmas season is coming up.

곧 있으면 크리스마스 시즌이라 우리 매장에 일손이 딸려.

short-handed는 직역해서 짧은 손이라는 뜻인데, 손이 짧으면 일을 하기가 힘드니까 노동력이 후달린다고 생각하면 쉬울 거예요. short에는 부족하다라는 의미도 있으니 일손이 딸리다라는 의미와도 통하죠?

We are short-staffed/understaffed.
We are short on staff.

일할 사람이 부족해.

staff에는 직원이라는 명사도 되고 직원을 배치하다라는 동사도 돼요. understaffed는 통째로 일손이 부족한이라는 의미로 외우세요. 반대로, 잉여들이 넘쳐 나는 경우는 overstaffed를 써요.

189 일손이 부족하면 새로운 사람을 고용하게 되죠.
새로운 사람이 뽑히면 출근 일정이 당연히 궁금할 거예요.

When is the new hire starting?

새로 뽑은 그 사람 언제 근무 시작이야?

hire는 **명사**로 쓰일 때 뽑힌 사람을 의미합니다.
start는 새로운 직장에서 일을 시작하다, 사회생활을 시작하다라는 뜻이 있죠.

더 알고 가기

staff에 지팡이라는 의미도 있다는 거 알고 계셨나요?
영어판 컴퓨터 게임을 많이 해 본 님들은 지팡이 아이템 때문에 이미 알고 있을 수도 있지만, 그렇지 않은 경우 지금 외워 두세요.
괜히 나중에 Gandalf's staff를 '간달프의 직원'으로 해석하는 흑역사를 만들지 말고요.

내… 직원?

07 미친듯이 바빠

| CHAPTER 1 | CHAPTER 2 | CHAPTER 3 | CHAPTER 4 | CHAPTER 5 | **CHAPTER 6** N | CHAPTER 7 | CHAPTER 8 |

이번에는 정신없이 직장 생활을 하는 님들에게 와닿을 표현들을 담아 보았습니다.

It seems like you are super busy at work.

너 요즘 회사 일 엄청 바쁜 것 같다!

바쁘다는 표현 중 가장 기본적인 것으로 busy가 있죠.
엄청 바쁘다고 강조할 때는 앞에 super를 쓰면 돼요.

I am swamped with work!

일이 너무 많아 눈코 뜰 새 없이 바빠!

swamp라는 명사는 늪이라는 뜻인데, 동사로 쓰면 일이 엄청 많아 굉장히 바쁘다라는 뜻이에요.
늪에 빠져 어쩔 줄 모르는 모습을 떠올리면 기억하기 쉽겠죠.
일이 많을 때는 누군가에게 떠넘기거나 야근을 하게 되기도 하죠.

I bit off more than I could chew. I shouldn't have taken the last project.

내 역량보다 많은 일을 받았어. 마지막 프로젝트를 받지 말았어야 했는데.

bite off more that I can chew를 직역하면 씹을 수 있는 양보다 더 많이 베어 물다라는 뜻으로, 내가 할 수 있는 양보다 더 많이 하려고 하다라는 의미의 관용구입니다.
반드시 직장일에 관련해서만 쓸 수 있는 건 아니에요.
예를 들어, 공부 열정에 불타오른 학생이 너무 많은 수업을 수강하여 허덕일 때 이런 말을 할 수 있죠.
일을 떠맡다라는 의미로 가장 기본적인 단어에는 **take**가 있어요.

My coworker dumped a lot of work on me.
동료가 나한테 많은 일을 떠넘겼어.

dump something on ~은
힘들거나 하기 싫은 일을 ~에게 미루다라는 의미입니다.
덤프트럭이 일을 퍼부어 주는 모양을 연상하며 외우면 어렵지 않겠죠?

Just know that I will have to work overtime every day this month.
나 이번 달에 매일 야근해야 할 거니까 그냥 알고 있어.

work overtime은 **시간을 오버하여 일하다**, 즉 일이 많아 **정해진 근무 시간을 넘겨서 일하는 것**을 의미합니다. 정규 근무가 오후에 끝나는 대부분의 사람들은 **overtime**을 밤에 하기 때문에 '야근'으로 해석했지만, 반드시 밤에 해야 되는 건 아니에요.

08 힘들어 죽겠어

| CHAPTER 1 | CHAPTER 2 | CHAPTER 3 | CHAPTER 4 | CHAPTER 5 | **CHAPTER 6** N | CHAPTER 7 | CHAPTER 8 |

앞 장에 이어 직장에서의 과한 노동과 이로 인한 고충에 관련된 표현을 알아보겠습니다.

I worked my butt off.
I worked my ass off.
나 겁나 열심히 일했어.

butt off/ass off를 직역하면 엉덩이가 떨어져 나가도록/닳도록 일했어,
즉 일을 엄청나게 열심히 했다는 의미의 구어체 표현입니다.
참고로, 욕설 수위를 생각하면 사실 첫 번째 문장은 우리말의 좆* 열심히 일했어에 가까워요.

I am overworked and my boss doesn't give a damn about it!
나는 격무에 시달리고 있는데, 상사가 신경도 안 써!

overworked는 일을 오버로 한 상태를 뜻합니다.
not give a damn about~은 ~에 대해 신경도 안 쓴다는 의미의 관용적 표현이니
그대로 외워 두세요. 참고로 **damn**은 욕설이니 주의하시고요.

엉덩이 실종

I worked 12 hours straight/in a row. My brain is fried.

나 12시간 연속으로 일했어. 뇌가 터질 것 같아.

straight 또는 **in a row** 하면 **연속으로, 연달아**라는 의미입니다.
12 hours straight/in a row 하면 **12시간 연속으로**라는 의미가 되겠죠.
일이나 공부를 오랜 시간 너무 열심히 하고 나면 피곤함에 머리가 안 돌아가죠?
이런 때에 영어에서는 **내 뇌가 튀겨졌다(My brain is fried)**라고 표현합니다.
두뇌를 많이 사용하는 일을 할 때 머리에 열이 나는 것 같잖아요.
이 열이 과도하게 가해져서 뇌가 튀김이 될 정도가 되었다고 생각하면 되겠죠?

I am fatigued.

피곤해 죽겠어.

fatigue는 많이들 **피로**라는 **명사**로 알고 있을 거예요.
하지만 **형용사형**으로 tired의 정도를 넘은 extremely tired, exhausted와 같은 뜻의
녹초가 된, 피곤해 죽겠는으로도 쓰인답니다.

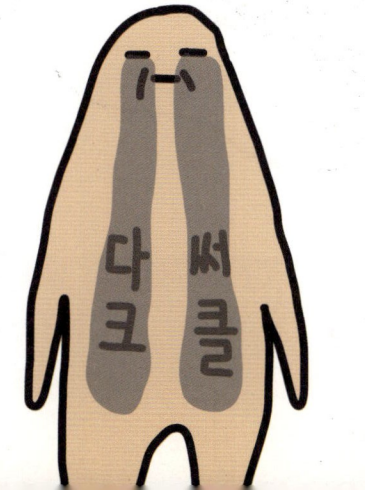

09 못된 상사

CHAPTER 1 | CHAPTER 2 | CHAPTER 3 | CHAPTER 4 | CHAPTER 5 | **CHAPTER 6** | CHAPTER 7 | CHAPTER 8

어떤 상사를 만나는지에 따라 직장 생활이 천국과 지옥을 오갑니다.
일반적인 나쁜 상사의 특징을 영어로 살펴볼게요.

The CEO cracked the whip until we finished the task.

우리가 그 일을 끝낼 때까지 CEO가 우릴 쪼았어.

채찍(whip)은 동물들이 더 빨리 움직이도록 휘두르는 거잖아요.
그러므로 crack the whip(채찍을 휘두르다)이라고 하면
자신의 권위를 이용하여 강압적으로 더 열심히 일하도록 만들다라는 의미입니다.
우리말의 ~를 쪼다와 가까워요.

My boss works me to the bone.

상사가 뼈가 바스러지게 일을 시켜.

work ~ to the bone은 뼈까지 일을 시키다, 즉 엄청 일을 시킨다는 의미예요.

He doesn't even let me take a smoke break.

담배 피우러도 못 나가게 해.

> 🔍 **단어 짚어 보기**
>
> **even**을 동사 앞에 붙여 예상치 못한 놀라운 일 등을 표현합니다. 한국어로는 심지어 ~도 하다로, 회화에서 엄청 자주 써요.
>
> 예) Amy didn't even say hi to me.
> 에이미는 나한테 인사도 안 했어.

잠시 숨을 돌리며 담배 한 대 피우는 휴식 시간을 두고 smoke break라고 합니다.
미국도 담배 피우는 시간을 아주 중요한 휴식 시간이라고 생각하나 봐요.

Our manager is moody.
Our manager has mood swings.
우리 매니저는 감정 기복이 심해.

be moody와 have mood swings는 기분이 쉽게 좋았다 안 좋았다를 반복하는 변덕스러운 성격을 말합니다.
난데없이 화를 내다가도 갑자기 나이스하게 구는 직장 상사에 적격인 표현이죠.

Everyone in the office was walking on eggshells because the vice president was angry.
부사장님이 화가 나 있어서, 사무실 사람들이 모두 눈치를 보며 조심스럽게 행동했어.

walk on eggshells는 계란 껍데기 위를 걸을 때 껍데기가 깨질까 불안해 하는 것처럼 누군가의 심기를 건드릴까 몸을 사리는 것입니다.
우리말의 살얼음을 밟듯이와 매우 유사하죠.

10 짜증나는 동료

| CHAPTER 1 | CHAPTER 2 | CHAPTER 3 | CHAPTER 4 | CHAPTER 5 | **CHAPTER 6** | CHAPTER 7 | CHAPTER 8 |

상사뿐만 아니라 함께 일하는 동료가 잘못 걸려도 헬게이트가 활짝 열리지요.
이번 장에선 같이 일하고 싶지 않은 동료들의 특징을 알아볼게요.

Rick is an ass-kisser.
Rick kisses ass.

릭은 아첨쟁이야.

ass-kisser는 원하는 것을 얻으려고 힘 있는 사람의 엉덩이에 뽀뽀까지 하는 사람이란 뜻으로, 아첨은 기본이고 상사의 개인사까지 대신 해결하는 등의 수단 방법을 가리지 않고 잘 보이려고 애쓰는 사람을 가리키는 말입니다.

Jessica is such a slacker.

제시카는 엄청 농땡이를 부려.

게으름을 피우며 일을 안 하려는 사람을 slacker라고 합니다.

She is a drain on our company.

걔는 우리 회사에 해만 끼치는 사람이야.

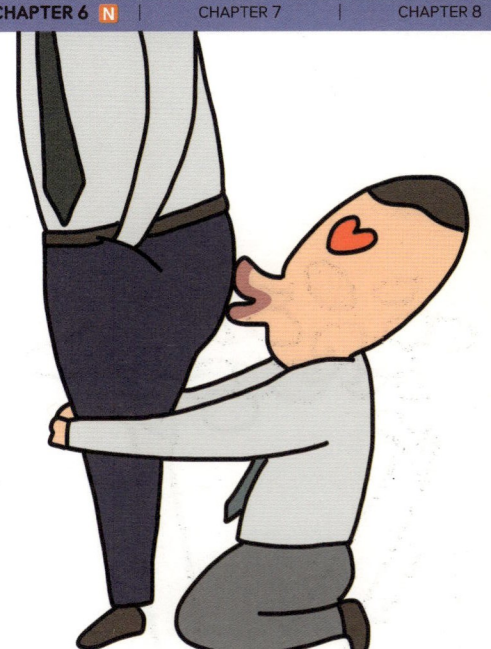

drain이 배수구잖아요.
아까운 물이 배수구로 쑥쑥 빠져나가는 것과 같이
귀중한 자원을 낭비하게 만드는 존재라는 의미의 관용적 표현입니다.

When working, Jack makes weird sounds, which drives me nuts.

잭은 일을 할 때 이상한 소리를 내서 날 아주 미치게 해.

make a sound는 소리를 내다라는 뜻이에요.
drive ~ nuts 하면 ~를 미치게 하다라는 의미입니다.
drive ~ crazy와 같은 말이에요.

One of my coworkers is making my life a living hell.

동료 한 명 때문에 인생이 너무 힘들어지고 있어.

living hell은 아주 괴롭고 불쾌한 장소나 상황을 뜻하는 관용적 표현입니다.
우리말의 생지옥, 산지옥과 같은 의미라고 보면 돼요.

11 피땀의 대가

| CHAPTER 1 | CHAPTER 2 | CHAPTER 3 | CHAPTER 4 | CHAPTER 5 | **CHAPTER 6** N | CHAPTER 7 | CHAPTER 8 |

피땀 흘리며 노동한 대가에 관한 표현을 여러 가지 상황 속에서 알아보겠습니다.

I finally got promoted!
I finally got a promotion!
나 드디어 승진했어!

승진하다라는 단어는 **promote**라고 해요.
그 반대는 **demote**예요. 더 낮은 직위로 떨어진 거죠.

The company's worldwide fame is the result of our blood, sweat, and tears.
회사가 전 세계적으로 유명해진 건 다 우리가 흘린 피땀의 결과야.

blood, sweat, and tears는 무엇을 이루기 위하여 애쓰는 노력과 정성을 뜻하는 표현으로, 우리말의 피땀과 뜻이 같습니다.
blood와 **sweat**은 불가산 명사이기 때문에 **tears**에만 s가 붙은 점도 주의 깊게 보세요.
이렇게 열심히 일했는데 공로를 빼앗기는 경우도 종종 있습니다.

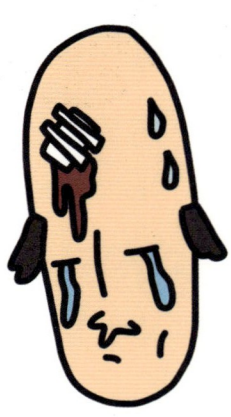

I am the one who did the grunt work, but my coworker took credit for our product's success.

힘든 잡일을 한 건 난데, 내 동료가 우리 제품의 성공을 자신의 공으로 돌렸어.

일이 잘 되면 꼭 이런 사람이 있죠?
grunt work는 재미없고 하찮으면서도 힘든 일을 뜻하는 표현입니다.
take credit for 하면 어떤 일의 성과나 성공을 자신의 공으로 가져가다라는 뜻이에요.
이렇게 일을 열심히 하고 정년이 되면 은퇴를 하겠죠?

Next month, I am retiring after 20 years of service in the military.

다음 달에 20년 군대 생활을 접고 은퇴해.

retire는 은퇴하다라는 단어입니다.
여기서 **be+-ing**가 나왔다고 '은퇴하는 중이다'라고 해석하지 말고 **예정된 미래**에 대해서는 **현재진행형**을 쓴다는 것 기억하세요.

더 알고 가기

retire에 자러 가다라는 뜻도 있다는 건 알고 계셨나요?
  예) I am retiring now. Good night!
       나 이제 자러 들어간다. 잘 자!

밤에 잠옷 바람으로 누가 이렇게 말할 때 '나 지금 은퇴한다. 잘 자!'라고 생각하면 안 돼요!

12 병가와 휴가

| CHAPTER 1 | CHAPTER 2 | CHAPTER 3 | CHAPTER 4 | CHAPTER 5 | **CHAPTER 6** | CHAPTER 7 | CHAPTER 8 |

직장 생활에서 빠질 수 없는 병가와 휴가!
다양한 표현으로 알아보겠습니다.

I am going to take this Friday off.
이번 주 금요일 휴가 낼 거야.

take off는 휴가 내다라는 뜻이에요. 생각보다 엄청 쉽죠?
다양하게 기간을 표현하려면 **take a whole week off**(일주일 내내 휴가 내다)와 같이 날짜만 바꿔 주면 돼요.

> **더 알고 가기**
>
> **off**는 일을 하지 않는이라는 의미를 지녀요.
> 직장인들이 자주 쓰는 표현으로 응용해 볼까요?
>
> (예) What time do you get off today?
> 오늘 몇 시에 퇴근해?
> I am off today. Let's hang out.
> 나 오늘 출근 안 해. 같이 놀자.

I called in sick today.
나 오늘 아파서 회사 못 간다고 했어.

call in sick은 아파서 출근을 못 한다고 회사에 전화를 걸어 알리다라는 표현입니다.

With the flu going around, lots of people are out sick this week.
독감이 돌아서 많은 사람들이 이번 주에 병가야.

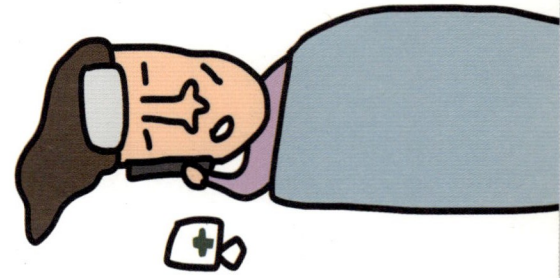

be out sick은 병가 중이다라는 뜻이에요. 직역하면 아파서 (회사) 밖에 있다는 의미죠.
아파서가 아니라 특별한 이유로 유급, 무급 휴가를 내는 경우도 있어요.

I am on maternity leave. 나 출산 휴가 중이야.
maternity leave는 통째로 출산 휴가라는 의미입니다.
이렇게 말하는 친구에게 다음과 같은 질문을 할 수 있겠죠.

Is it paid? Who's covering for you while you're away?
유급 휴가야? 네가 없는 동안 네 일은 누가 대신해 주는 거야?
paid는 유급인이라는 뜻입니다. 반대로 무급인 것은 unpaid라고 하죠.
자리를 비우는 동안 그 사람의 일을 대신해 주는 것을 cover for ~라고 해요.
'나 커버 좀 해 줘'를 생각하면 외우기 쉽죠?

For personal reasons, I took unpaid leave.
I will go back to work early next month.
개인적 사정으로, 무급 휴가를 냈어. 다음 달 초에 다시 일하러 나갈 거야.
쉬다가 일터로 복귀하는 것은 go back to work(직장에 다시 돌아가다)라고 말하면 돼요.

13 임금 인상과 동결

| CHAPTER 1 | CHAPTER 2 | CHAPTER 3 | CHAPTER 4 | CHAPTER 5 | **CHAPTER 6** N | CHAPTER 7 | CHAPTER 8 |

직장인들의 최대 관심사 중 하나인 임금 인상과 감봉에 대한 다양한 표현을 알아볼게요.

I got a raise for the first time in 10 years.
10년 만에 처음으로 월급이 올랐어.

보통 **월급 인상**이라는 뜻으로 **raise**를 쓰는데,
raise는 월급 말고도 **주급**, **연봉** 등 모든 종류의 임금에 쓸 수 있습니다.

I asked for a raise and was shot down.
월급을 올려 달라고 했는데, 가차없이 거절당했어.

ask for ~는 **~을 요구하다, ~을 요청하다**라는 말이에요.
shoot down은 **격추하다**의 뜻도 있지만
비유적으로 **어떤 아이디어나 계획을 고려하는 것조차 거부하다**,
즉 **가차없이 거절하다**라는 뜻도 있습니다.

The team manager bumped up my salary.
팀장님이 월급을 올려 주셨어.

도로에 깔려 있는 **과속방지턱**을 두고 **speed bump**이라고 하거든요.
이렇게 bump에는 '올라온 것'이라는 뜻이 있으므로 **bump up**이라고 하면 **올리다**와 같은 의미예요.
increase, raise와 함께 다양하게 사용해 보세요.

I got a pay cut. From here on out, I have to pack lunches for work.
나 감봉 당했어. 이제부터 회사에 도시락 싸 들고 다녀야 해.

For the past 2 years, all employees at our company have had a pay freeze.
지난 2년간 우리 회사의 모든 직원이 임금이 동결되었어.
pay cut은 **감봉**이라는 뜻이에요. **임금 동결**은 **pay freeze**죠.

14 내가 그만둔 거야

| CHAPTER 1 | CHAPTER 2 | CHAPTER 3 | CHAPTER 4 | CHAPTER 5 | **CHAPTER 6** | CHAPTER 7 | CHAPTER 8 |

계속된 경기 침체로 인해 새 일자리가 생기는 건 고사하고
있던 일자리도 없어지는 경우가 많습니다.
실직, 퇴사, 정리 해고 등의 표현을 배워 보겠습니다.

My dad lost his job. 우리 아빠 실직하셨어.
lose one's job을 직역하면 직업을 잃다라는 말이니까 바로 해석이 되죠?

I was let go from my job.
나 직장에서 잘렸어.
let ~ go는 해고하다의 또 다른 표현입니다.
was let go는 수동태로 해고 당하다, 즉 잘리다라는 표현이 되겠죠.

해고 당하다의 뜻을 가진 대표적인 단어 fire와
그만두다라는 단어 quit은 어떻게 활용하는지 보시죠.

My husband didn't get fired. He quit.
우리 남편은 잘린 게 아니라 그만둔 거야.

자진해서 그만두는 경우 quit 외에 떠나다라는 뜻의 leave를 쓰기도 합니다.

One of my colleagues left the company to start her own business.
내 동료 중 하나는 자기 사업을 하려고 회사를 그만뒀어.

회사를 떠난다니, 굉장히 영어적 표현이죠?

직원이 잘못해서가 아니라 **회사 사정이 안 좋아서 직원을 내보내는 경우**에는 조금 더 완곡한 표현을 씁니다.

I am on a tight budget because I got laid off early this year.
나 올해 초에 정리해고 되어서 생활이 빠듯해.

lay off는 인원을 감원하다, 감축하다라는 의미예요.

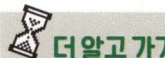
더 알고 가기
exit interview 회사측에서 퇴사 이유와 퇴사자가 회사에 대해 가진 생각 등을 알기 위해 진행하는 **퇴사 면접**입니다.
예) In my exit interview, I said everything I had wanted to say.
퇴사 면접에서 내가 그동안 하고 싶었던 말을 다 했어.

15 회사가 망했어요

이어서 어떤 사정에 의해 회사나 장사가 끝나는 경우에 쓰는 표현을 배워 보겠습니다.

The company I was working for went belly up.
내가 다니던 회사가 망해 버렸어.

belly는 신체 일부인 배를 말해요.
go belly up 하면 물고기가 죽어서 배를 위로 한 채 수면에 떠오르는 모습을 상상하세요.
회사가 이렇게 되었다라는 것은 망했다라는 뜻이겠죠.
비슷한 표현들을 연달아서 알아볼까요?

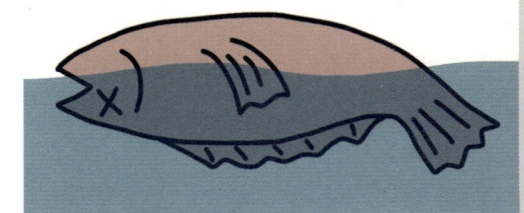

That restaurant went bust after only half a year.
저 음식점 겨우 6개월 있다가 말아먹었어.

Many start-ups in this area went bankrupt.
이 지역에 있는 많은 신생 기업이 파산했어.

In a bad economy, a lot of companies file for bankruptcy.
경기가 안 좋을 때는 많은 회사가 파산 신청을 해.

Our company's stock tanked today.
우리 회사 주식이 오늘 폭락했어.
tank는 동사로 쓰면 대폭 감소하다, 완전히 실패하다라는 뜻이 됩니다.

The coffee shop over there has changed hands three times since it opened.
저기에 있는 커피숍은 문 연 이래로 주인이 세 번 바뀌었어.
change hands는 주인이 바뀌다라는 관용적 표현이에요. 가게 열쇠를 넘겨주는 모습을 상상하며 (열쇠를 쥔) 손이 바뀌다 → 주인이 바뀌다라고 외우세요.

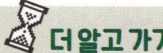

더 알고 가기

위에서 반복적으로 나온 go+형용사 형태가 생소한 님들이 있을 거예요. 의미는 (형용사) 상태가 되다랍니다.

(예) One tourist went missing.
여행객 한 명이 실종됐어.

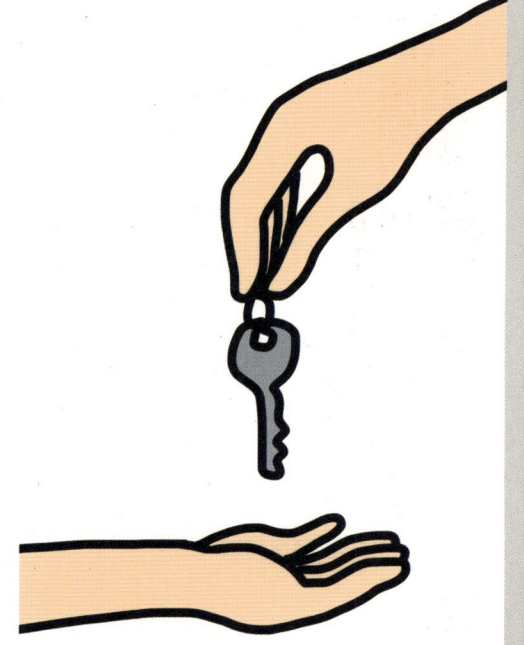

16 백수와 백조

| CHAPTER 1 | CHAPTER 2 | CHAPTER 3 | CHAPTER 4 | CHAPTER 5 | **CHAPTER 6** N | CHAPTER 7 | CHAPTER 8 |

직장을 잃고 쉬는 사람을 백수(여자는 백조)라고 부르죠.
이번 장에선 그와 관련된 재미난 표현들을 배워 볼게요.

My brother has no job.
My brother is unemployed. 내 남동생 무직이야.

백수를 나타내는 가장 기본적인 표현입니다.
have no job(직업이 없다)과 be unemployed(실직 상태이다)는 꼭 알아 두세요.

He has been collecting unemployment benefits for over a year.

걔 1년 넘게 실업 수당 받고 있어.

unemployment benefits는 실업 수당이라는 표현이에요. 직장을 잃은 후 정부의 지원을 받는 것이죠.

He leeches off (of) his friends.

걔는 친구들한테 빈대 붙어.

leech는 명사로는 사람의 피부에 붙어 피를 빨아먹는 거머리입니다.
동사로 썼을 때는 남에게 빌붙어 밥을 얻어먹거나 공짜로 얻어 가는 사람을 두고 하는 말로, 빈대 붙는다라는 의미와 같습니다.

비슷한 표현을 더 알아볼게요.

He mooches off (of) people around him.
걔는 주변 사람들을 뜯어먹어.
mooch off (of)~는 ~를 뜯어먹다, ~에게 빌붙다라는 의미랍니다.

My girlfriend is my meal ticket.
여친이 내 돈줄이야.
meal ticket의 1차적 의미는 식권인데,
비유적으로 사용하여 밥 나오는 곳, 즉 돈줄이라는 의미가 되기도 합니다.

다 큰 성인이 부모님 집에 살면서 생활비를 드리기는커녕 집안일조차 돕지 않는 경우,
부모님으로부터 이런 소리를 들을 수 있습니다.

Earn your keep! We let you live here for free!
밥값 좀 해라! 너 여기 공짜로 살게 해 주잖아!
keep(숙식)을 earn(벌어라)니까, 밥값을 하라는 의미죠.

이 정도는 알고 있겠지?

Which school did you go to?
어느 학교 다니셨어요?

What's your major?
너 전공이 뭐니?

Let's play hooky.
수업 째고 놀자.

I stayed up all night studying.
나 한숨도 안 자고 공부했어.

I get paid so little.
나 돈 진짜 조금 받아.

We are short on staff.
일할 사람이 부족해.

I worked my ass off.
나 겁나 열심히 일했어.

I called in sick today.
나 오늘 아파서 회사 못 간다고 했어.

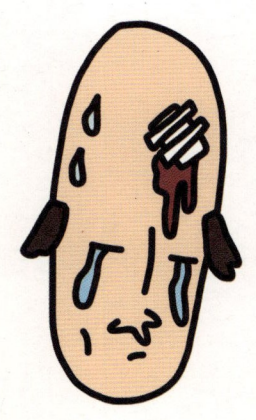

영어 중독자 **두껍**의

진짜
미쿡영어

CHAPTER 7
썸에서 결혼까지

01 모태 솔로와 돌싱
02 아슬아슬 썸 타기
03 작업 걸기
04 우리 사귈까?
05 우린 무슨 사이야?

06 케미가 좋아
07 니가 아깝다
08 바람이 분다
09 문제 있는 커플
10 우리 헤어져

11 너를 못 잊어
12 눈물의 재회
13 황금을 캐는 여자
14 결혼에 골인하다

01 모태 솔로와 돌싱

| CHAPTER 1 | CHAPTER 2 | CHAPTER 3 | CHAPTER 4 | CHAPTER 5 | CHAPTER 6 | **CHAPTER 7** | CHAPTER 8 |

모든 인간은 자고로 솔로로 태어나는 법!
본격적인 연애에 대해 다루기 전에 솔로에 대해 알아보겠습니다.
먼저, **솔로**는 영어로 **solo**일까요? 제대로 된 영어 표현은 아래와 같아요.

I am single. 나 솔로야.

영어로 **single**은 **배우자나 사귀는 사람이 없는 사람**을 뜻합니다.

영어에는 **모태 솔로**라는 특정 단어가 없어요. 대신 다른 표현으로 어떻게 말하는지 알아봅시다.

I have been single my whole life.
나는 평생 솔로였어.

I have never had a boy/girlfriend in my entire life.
내 평생 남/여친이 있어본 적이 없어.

I have never dated.
나는 연애해 본 적이 없어.

이런 처절함 속에 가끔씩 들려오는 가슴 아픈 친구의 말이 있어요.

I got a boy/girlfriend. 나 남/여친 생겼어.
생겼다라는 표현은 간단하게 get(얻다)를 이용해서 쓰면 돼요.

그럼 이번에는 결혼까지 성공했다가 다시 돌아온 사람들의 경우를 살펴보죠.

I am a divorcé/divorcée. 나 돌싱이야.
divorcé는 이혼남, divorcée는 이혼녀로,
이 단어들은 프랑스 어지만 영어에도 정착한 외래어입니다.
발음은 둘 다 [디볼세이]예요.

이 단어를 동사로 쓰면 익숙한 divorce(이혼하다)가 됩니다.
보통은 아래와 같이 수동태로만 알고 있는 경우가 많은데,
My parents are divorced.
우리 엄마 아빠 이혼했어.

뒤에 목적어를 붙여서 능동태로도 잘 써요.
My wife divorced me. 나는 아내에게 이혼을 당했어.
나는 이혼을 원하지 않았는데, 아내가 원해서 이혼을 하게 되었다는 의미가 되죠.

02 아슬아슬 썸 타기

| CHAPTER 1 | CHAPTER 2 | CHAPTER 3 | CHAPTER 4 | CHAPTER 5 | CHAPTER 6 | **CHAPTER 7** N | CHAPTER 8 |

여친, 남친이 되기 전, 서로에게 호감을 주고받는 걸 두고 **썸 탄다**라고 하잖아요.
영어에서는 이런 썸 타는 상황을 어떻게 표현하는지 알아볼게요.

It seems like something is going on between them.
걔네 썸 타는 것 같아.

무언가(something)가 진행 중이다라는 뜻이에요.
사실 우리말의 **썸** 자체가 영어의 **something**을 줄여서 쓰기 시작한 것이니 당연히 의미가 통하겠죠?

I think Mike has a thing for me.
마이크가 나한테 마음이 있는 것 같아.

have a thing for ~ 하면 **~에게 마음이 있다**라는 의미예요. 통으로 외우세요.

It is so obvious that you guys are into each other.
너희들 서로 좋아하는 거 완전 티 나.

be into ~ 하면 **~를 좋아하다**라는 뜻이에요. 관심보다 조금 더 강한 호감인 거죠.

> **더 알고 가기**
> **be into ~**에서 전치사 하나만 바꿔 **be onto ~**
> 라고 하면, **~의 나쁜 행동 또는 그러한 행동을 하려는 의도에 대해 알고 있다**라는 뜻으로 완전히 돌변하니 잘 구분해서 쓰세요.
> 예) **My wife is onto me.**
> 내가 무슨 짓을 하려는지 와이프가 다 알고 있어.

I have feelings for Carol. Do you think she picked up on it/sensed it?

나 캐롤을 좋아해. 캐롤이 눈치챈 거 같아?

have a thing for ~보다 조금 더 강한 호감이 have feelings for ~이에요.
그리고 눈치채다라는 표현으로는 pick up on과 sense를 둘 다 쓸 수 있답니다.
진정한 솔로 탈출을 위해서는 썸만 탈 게 아니라 용기를 내야겠죠?

Man up and tell her how you feel about her.

남자답게 (용기를 내서) 그녀에게 고백해.

man up은 보통 남자에게 쓰는 말로, 남자답게 행동하라는 뜻입니다.
여기에 and tell ~을 붙이면 남자답게 ~을 얘기하라는 표현이 되겠죠.
그런데 썸녀라고 생각했던 여자에게 고백했더니 이런 무시무시한 답변이 돌아왔네요.

Don't get the wrong idea. I am this way with everybody. I am just flirtatious.

착각하지 마. 나 모든 사람에게 이러거든? 나 그냥 잘 흘리는 사람이야.

Don't get the wrong idea. (착각하지 마.)와
I am this way with everybody. (나 모든 사람에게 이렇게 대해.)는
풀이할 필요도 없이 통째로 외워 두면 좋은 문장들이에요.
flirtatious는 괜히 애교나 아양을 떠는 것을 말합니다.

03 작업걸기

| CHAPTER 1 | CHAPTER 2 | CHAPTER 3 | CHAPTER 4 | CHAPTER 5 | CHAPTER 6 | **CHAPTER 7** N | CHAPTER 8 |

호감이 가는 사람에게 관심을 어필하는 것을 작업 건다라고 하죠?
작업 걸기에 해당하는 영어 표현이 무척이나 많은데 한 번 살펴보세요.

Michael hits on every girl he sees.
마이클은 보는 여자마다 작업을 걸어.

James made a move on me.
James made advances on me.
제임스가 나한테 추근댔어.

My brother goes to bars to pick up girls.
우리 형은 여자 꼬시러 술집에 가.

Ashley was totally coming on to me.
애슐리가 나한테 완전 들이댔어.

잇힝

come on to ~는 관심이 있음을 아주 티 나게 표현하며 접근하는 것으로, 들이대다라고 할 수 있어요.
이렇게 적극적인 모습을 보이는데 상대방이 별 관심을 두지 않으면 아래와 같이 말할 수 있어요.

Natalie always plays hard to get.

나탈리는 맨날 비싸게 굴어.

얻기(to get) 어려운(hard) 것처럼 군다라는 표현이니
우리말의 비싸게 굴다와 동격이라 할 수 있어요.

Getting that girl's number is next to impossible.

저 여자애 번호를 따는 건 거의 불가능해.

get one's number는 ~의 번호를 얻다(따다)라는 말이에요.
next to impossible은 불가능에 가깝다라는 의미입니다.
용기 있는 자가 미인을 차지하는 법이니 모두 화이팅!

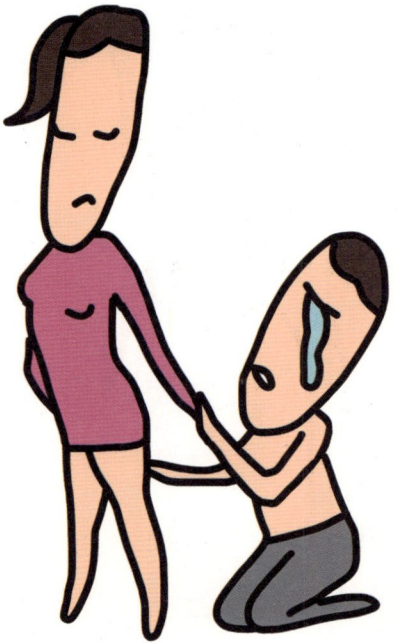

04 우리 사귈까?

CHAPTER 1 | CHAPTER 2 | CHAPTER 3 | CHAPTER 4 | CHAPTER 5 | CHAPTER 6 | **CHAPTER 7**  | CHAPTER 8

작업을 하다 보면 관계가 발전할 시기가 오죠. 이럴 땐 어떤 표현을 할 수 있을까요?

My friend introduced his sister to me, and we hit it off right away.

내 친구가 여동생을 소개시켜 줬는데, 만나자마자 죽이 잘 맞았어.

hit it off는 서로 죽이 잘 맞는다, 서로 좋아한다라는 표현입니다.
남녀 사이에도 쓸 수 있고, 로맨틱한 감정이 없는 친구 사이에서도 쓸 수 있어요.

I hope Alex and Kay hook up.

알렉스랑 케이랑 잘 됐으면 좋겠다.

hook up은 호감이 있는 두 사람이 친해지는 것 이상의 관계로 발전하는 것을 의미합니다.
두 사람이 후크(hook)로 낚아 올려(up)져 서로 엮여 있는 모습을 연상하세요.

I hooked Alex up with Kay.

내가 알렉스를 케이랑 연결시켜 줬어.

같은 hook up을 이용한 표현인데 의미가 묘하게 다르죠?
hook up with ~ 하면 ~와 소개를 시켜서 둘이 잘 될 수 있게 해 준다는 의미예요.

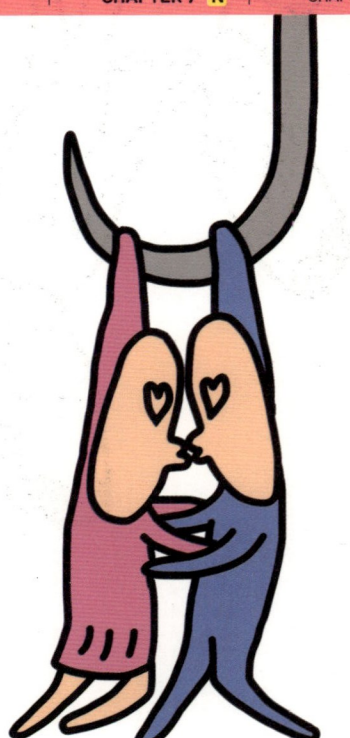

Ask Amy out. She would love to go on a date with you.

에이미한테 데이트 신청해. 너랑 데이트하길 원할 거야.

ask out은 데이트 신청하다라는 가장 대표적인 표현이에요. 그렇게 데이트가 성사되면 ~와 데이트를 하러 나가다라는 말을 하는데, 그건 go on a date with ~라고 하죠.

Is Valerie still dating Zack?

밸러리 아직도 잭이랑 사귀어?

우리말의 ~와 사귀다라는 표현에서 '~와'가 붙어 있는 것 때문에 영어로도 date with라고 잘못 쓰는 경우가 있는데요. 다른 전치사 없이 그냥 date ~라고 하면 된답니다.

두 사람이 데이트하는 데 자발적으로 또는 초대 받아서 끼어든 사람을 third wheel이라고 합니다. 자전거 바퀴가 2개인데 여기에 꼽사리 바퀴 한 개가 어색하게 달려 있다고 생각하세요.

I am not going. I don't want to be a third wheel.

난 안 갈래. 꼽사리가 되고 싶지 않아.

05 우리 무슨 사이야?

CHAPTER 1 | CHAPTER 2 | CHAPTER 3 | CHAPTER 4 | CHAPTER 5 | CHAPTER 6 | **CHAPTER 7** N | CHAPTER 8

몇 번의 데이트 후에 본격적으로 연인 사이가 되기 위해 필요한 표현들을 알아볼게요.

I want us to be more than friends.
난 우리가 친구 이상이었으면 좋겠어.

more than friends 하면 친구 이상인이라는 뜻으로,
친구가 아닌 연인 사이가 되고 싶다는 말을 우회적으로 표현한 말이에요.
아니면 다음과 같이 돌직구로 고백을 할 수도 있죠.

Do you want to go out with me?
너 나랑 사귈래?

go out with ~는 ~와 데이트하다라는 뜻도 있고 ~와 사귀다라는 뜻도 있어요.
참고로 이 말은 우리말의 '사귈래'와 의미가 가장 가깝지만 조금 유치한 뉘앙스가 있습니다.
미국에서는 애인 사이가 되기 위해 사귀자는 말을 하며 선을 긋는 절차를 굳이 거치지 않아요.
그래서 가끔 애매한 사이일 때는 아래처럼 관계 확인을 하는 경우도 있죠.

Um… What are we?
근데… 우린 무슨 사이지?

What are we? (우리는 뭐야?)라는 말이 조금 어색할 수는 있지만 가장 간단하고 확실한 표현입니다. 비슷한 의미로 굉장히 흔히 쓰이는 표현을 하나 더 알아볼게요.

Are we exclusive?

우리 사귀는 거야?

exclusive는 사전에서 찾아보면 **독점적인**이라는 표현이 가장 먼저 나올 거예요.
Are we exclusive?를 직역하면 **우리는 독점적이야?**,
즉 **서로 다른 사람을 따로 만나지 않는 사이냐**고 묻는 말이죠.

이런 말을 어렵게 꺼냈는데 상대방이 미적지근한 반응을 보이면
다음과 같이 의심을 품은 말을 할 수 있겠습니다.

Are you seeing someone else?

너 다른 사람 만나니?

be seeing ~은 **~를 만나다, ~와 교제하다**라는 표현입니다.
여기서의 **see**는 '보다'가 아니라 **사귀다, 교제하다**라는 뜻이에요.
매우매우 잘 쓰는 표현이니 꼭 알아두세요.

06 케미가 좋아

요즘 서로 잘 맞는다는 느낌을 '**케미**'라는 단어로 자주 표현하죠.
이 표현은 영어에서 유래된 표현인데, 영어에선 어떻게 표현하는지 알아볼게요.

My boyfriend and I have good chemistry.
나랑 내 남친이랑은 케미가 좋아.

have good chemistry를 직역하면 좋은 케미를 가지고 있다라는 뜻으로, 케미가 떠는 경우에는 **good**을 **great, incredible** 등으로 바꿔 주면 돼요.
그 외에 다른 다양한 표현들은 뭐가 있는지 볼까요?

We feel a strong attraction towards each other.
우리는 서로에게 엄청 끌려.

We are a match made in heaven.
우리는 천생연분이야.

We are perfect for each other.
우리는 서로 너무 잘 맞아.

We are inseparable. 우리는 떨어지곤 못 살아.

inseparable은 말 그대로 **떼어놓을 수 없는**이라는 뜻으로,
항상 붙어 있고 사이가 매우 좋은 사람들에게 씁니다. '껌딱지 커플'이라는 표현과 비슷하죠.

We clicked right away. 우리는 만나자마자 잘 통했어.

자동사 **click**에는 **두 사람이 곧바로 서로를 좋아하게 되고 잘 통한다**는 의미가 있습니다.
만인의 부러움을 사는 커플을 두고 주변에서 아래와 같은 말을 할 수 있어요.

You guys look good together. 너희 잘 어울려.

금슬 좋은 커플들은 아래와 같은 패턴을 보이기도 하죠.

Wherever Victoria goes, her boyfriend tags along.

빅토리아 남친은 빅토리아가 가는 데마다 따라와.
tag along은 **따라갈 필요가 없는 데도 따라가다**라는 의미입니다.

07 니가 아깝다

| CHAPTER 1 | CHAPTER 2 | CHAPTER 3 | CHAPTER 4 | CHAPTER 5 | CHAPTER 6 | **CHAPTER 7** | CHAPTER 8 |

커플이 탄생하면 주위에서 이런 저런 말이 나오기 마련이죠.
영어로는 커플 주위 사람들이 할 만한 표현이 뭐가 있는지 볼게요.

To be honest with you, you are too good for your boyfriend. 솔직히 말해, 네 남친에 비해 니가 아까워.
too good for ~ 하면 ~에게 너무 아깝다(good)라는 의미예요.
good 대신 다른 형용사를 쓰면 상대에 비해 어떤지를 자세히 설명하는 말이 된답니다.

Nancy is too pretty for Dave.
낸시는 데이브랑 사귀기엔 너무 예뻐.

다음과 같은 표현도 알아볼게요.

That girl is way out of your league. You should know your place.
저 여간 너한테 너무 과분해. 니 주제를 좀 알아라.

out of one's league는 직역하면 **~의 리그 밖이다**입니다.
즉, **넘사벽이다, ~에게 과분하다**라고 해석할 수 있어요.
주제를 알다라는 충고는 **know one's place(~의 위치를 알다)**라고 하죠.
이렇게 나의 아픈 곳을 건드리는 친구에게는 이렇게 말할 수 있습니다.

I am already aware of that. So don't rub it in.
그건 나도 이미 알고 있어. 그러니 염장 지르지 마.

rub it in은 염장 지르다라는 의미로, **상처가 난 곳에 소금을 문지르는 행동**을 뜻하는 거랍니다.
너무 아름다운 그녀가 본인을 만날 줄은 몰랐다는 친구의 눈물 겨운 고백을 끝으로 친구 커플을
비교하는 것은 그만하기로 합시다.

Never in my wildest dreams did I think she would like me.
그녀가 날 좋아하게 되리라고는 꿈에도 생각 못 했어.

not/never in one's wildest dreams는 생각한 것보다 결과가 훨씬 좋을 때
이를 과장하는 관용적 표현으로 **꿈에도 생각 못 해보다**와 같아요.
I thought가 아니라 **did I think**라고 쓴 것은 문장이 **never**로 시작했기 때문입니다.

08 바람이 분다

| CHAPTER 1 | CHAPTER 2 | CHAPTER.3 | CHAPTER 4 | CHAPTER 5 | CHAPTER 6 | **CHAPTER 7** N | CHAPTER 8 |

평탄한 연애라는 것은 참 어려운 것 같습니다.
이번에는 '바람 피우기'에 대한 표현을 여러 가지로 배워 볼게요.

The other day, I saw my boyfriend with another woman.

얼마 전에, 남친이 다른 여자랑 같이 있는 걸 봤어.

단순하게 **see ~ with**… 하면 ~가 …와 함께 있는 것을 보다라는 뜻인데,
연인 사이가 되면 해석이 묘하게 달라질 거라는거, 아시죠? 좀 더 직접적인 표현을 볼까요?

> **표현 짚어 보기**
>
> **the other day**는 며칠 전에, 얼마 전에, 최근에라는 의미예요.
>
> (예) What is the name of the book you talked about the other day?
> 네가 며칠 전에 얘기한 그 책 제목이 뭐야?

My girlfriend cheated on me with my best friend.

내 여친이 나를 두고 내 절친이랑 바람을 피웠어.

cheat on ~ with는 ~를 두고 다른 사람과 바람을 피우다라는 대표적 표현입니다.

My father has been unfaithful to my mother his whole life.

우리 아버지는 어머니를 두고 한평생 바람을 피우셨어.

be unfaithful 또한 바람 피우다라는 의미죠.

My husband left me for his mistress.
내 남편이 날 버리고 내연녀에게로 갔어.

이 표현은 이런 불륜 상황에서뿐만 아니라
현재 사귀는 사람을 정리하고 깨끗이 다른 사람에게로 간 경우에도 사용할 수 있어요.
즉, 다른 사람과 사귀기 위해 현재의 연인과 끝을 내다라는 단순한 의미입니다.

When my kids were little, my wife ran off with another man.
우리 애들이 어렸을 때, 애들 엄마가 다른 남자랑 눈이 맞아서 도망갔어.

run off with ~는 그냥 도망을 가는 것이 아니라
누구와 결혼을 하거나 같이 살려고 몰래 도망가다라는 의미입니다.

여러분, 바람 피우지 말고 아름답게 사랑합시다.

09 문제 있는 커플

| CHAPTER 1 | CHAPTER 2 | CHAPTER 3 | CHAPTER 4 | CHAPTER 5 | CHAPTER 6 | **CHAPTER 7** | CHAPTER 8 |

연인 사이에는 꼭 외도가 아니더라도 크고 작은 문제들이 생기기 마련입니다.
이런 상황에서 잘 쓰는 영어 표현을 모아 보았습니다.

My girlfriend and I have relationship problems. You just don't know it.

나랑 여친이랑 문제가 좀 있어. 니가 몰라서 그래.

연인, 배우자와 사이가 안 좋을 때의 문제를 relationship problem이라고 합니다.
친구에게 네가 몰라서 그렇지, 사실은 ~했어라는 말을 할 때는 You just don't know it.
이라고 하죠. 문제의 정도가 심한 경우 아래와 같은 표현을 쓸 수 있어요.

I heard David's marriage is on the rocks.

데이비드의 결혼 생활이 파탄 위기래.

on the rocks는 파탄 위기인, 파멸 위기인이라는 뜻의 구어체 표현입니다.
양주를 얼음 채운 잔에 넣어 마시는 것도 on the rocks라고 하죠.
상대와의 사이가 파탄 위기여서 독한 술로 달래야 할 정도라고 연결해서 익히면 좋아요.
이렇게 문제가 많아지면 사랑이 식기 마련입니다.

As time passed, I fell out of love with you.

시간이 지나면서 널 사랑하지 않게 되었어.

fall out of love with ~는 **fall in love with ~**의 반대입니다.
끝을 달리는 경우 아래처럼 종지부를 찍는 경우도 있죠.

Sorry to say this, but I don't see you in my future.

이런 말 해서 미안하지만, 난 너랑 미래를 함께할 생각이 없어.

I don't see you in my future.를 직역하면
내 미래에 네가 보이지 않아로, 누군가와 여생을 함께할 마음이 없다라는 의미입니다.
반대로 상대방에게 내가 진지한 사람인지 아닌지를 물을 때
Do you see me in your future? 라고 물을 수 있죠.
개중에 식어가는 사랑을 다시 불태워 보기 위해서 노력을 하는 커플도 있습니다.

My husband and I took a trip to Europe to rekindle our romance.

로맨스를 다시 불태우기 위해 남편이랑 유럽으로 여행을 갔어.

kindle이 **불을 붙이다**인데, **re(다시)**가 붙어 **식었던 감정에 다시 불을 붙이다**가 되었습니다.

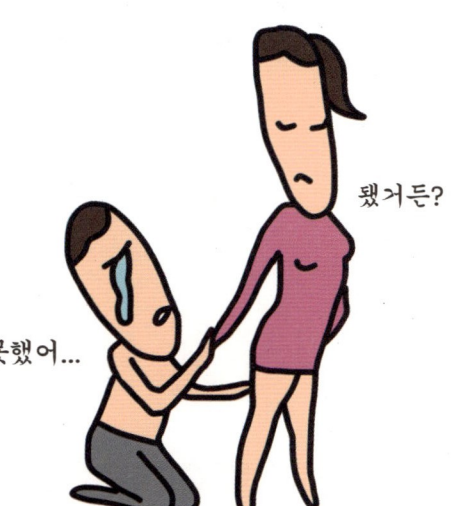

됐거든?

내가 잘못했어...

10 우리 헤어져

| CHAPTER 1 | CHAPTER 2 | CHAPTER 3 | CHAPTER 4 | CHAPTER 5 | CHAPTER 6 | **CHAPTER 7** N | CHAPTER 8 |

헤어짐을 결정한 커플이 진정으로 갈라서기까지 쓰일 표현들을 알아보겠습니다.

My boyfriend and I are on the verge of breaking up.
My boyfriend and I are on the brink of breaking up.
우리 헤어지기 일보 직전이야.

verge와 brink가 각각 가장자리, 벼랑 끝이란 뜻이므로 ~일보 직전이라는 비유적 의미와 상통하죠.
이별 통보를 하기 전에 시간을 갖자고 말하려면 뭐라고 할까요?

Let's have some time apart.
우리 떨어져 있는 시간을 좀 갖자.

떨어져 있는(apart) 시간을 좀 갖자(have some time)니, 우리말과 똑같은 표현이죠?
생각할 시간도 필요 없이 헤어지고자 하는 마음이 확고하면 이별을 통보합니다.

We are done. / We are through. 우리 끝이야.
Let's split up. 우리 헤어지자.

이별 통보를 받고 나면 친구에게 상황을 설명할 때도 있어요.

My girlfriend dumped me.

My girlfriend broke up with me.

내 여친이 날 찼어.

dump는 버리다, 상대를 차다의 뜻이고,
break up with ~는 ~와 헤어지다, 혹은 ~를 차다라는 표현입니다.

커플이 생각할 시간을 갖기도 하지만 결혼한 사이에서 이혼 전에 별거를 하기도 하죠.

We are separated.

우리 별거 중이야.

이런 관계 중 주위 사람들이 가장 피곤한 경우는 단연 만났다 헤어졌다를 반복하는 커플 아닐까요?

Trevor and I are having an on-again, off-again relationship.

트레버랑 나는 만났다 헤어졌다를 반복해.

on/off가 켰다/껐다이니 이해가 가죠?
이 표현은 줄여서 on and off relationship이라고도 합니다.

11 너를 못 잊어

CHAPTER 1 | CHAPTER 2 | CHAPTER 3 | CHAPTER 4 | CHAPTER 5 | CHAPTER 6 | **CHAPTER 7** | CHAPTER 8

연인과 헤어졌을 때 미련이 많이 남으면 잊지 못하는 경우가 많아요.
그럴 때는 뭐라고 표현하면 좋을까요?

I cannot get over my ex-girlfriend.

나, 옛 여친을 못 잊겠어.

get over 는 헤어진 연인을 잊다, 털어 버리다 라는 대표적인 의미입니다.

I split up with my ex-boyfriend a year ago, but I am still on the rebound.

나 전 남친이랑 1년 전에 헤어졌지만 아직도 실연의 아픔에서 벗어나지 못하고 있어.

rebound 하면 농구가 제일 먼저 생각나죠?
마치 실연 당한 마음이 공이 이리저리 튀기는 것처럼
갈피를 못 잡는 것과 같아서 나온 표현인 듯합니다.

Jessie is Evan's rebound girlfriend.

제시는 에반이 옛 여친에 대한 그리움을 달래기 위해 그냥 사귀는 여자야.

rebound girlfriend/boyfriend처럼 쓰여 **옛 연인을 잊기 위해 진심 없이 만나는 사람, 반발심에 만나는 사람**을 뜻합니다.

이별을 한 후 상심한 마음을 못 이겨 술을 먹고 전화를 하는 경우가 있죠?
이렇게 **술 먹고 전화하다**라는 표현은 다음처럼 말합니다.

**I drunk dialed my ex-girlfriend last night.
I wish I hadn't done that.**
어젯밤에 전 여친한테 술을 먹고 전화했어. 안 할 걸 그랬어.

이 표현은 물론 연인이 아닌 관계에서도 쓴답니다.
전화 대신 문자를 한 경우에는 아래와 같이 말할 수 있고요.

**My ex drunk messaged me. What should I do?
My ex drunk texted me. What should I do?**
옛 애인이 술 먹고 나한테 문자를 보냈어. 어떻게 하지?

12 눈물의 재회

| CHAPTER 1 | CHAPTER 2 | CHAPTER 3 | CHAPTER 4 | CHAPTER 5 | CHAPTER 6 | **CHAPTER 7** N | CHAPTER 8 |

서로 사랑하는 마음이 남아 있다면 헤어졌더라도 다시 만날 수 있겠죠.
이런 눈물 어린 재회와 관련된 표현들을 알아보겠습니다.

I want my ex-wife back. But chances are she has already moved on.

전 부인과 재결합하고 싶어. 하지만 벌써 새 삶을 찾았을 거야.

chances are ~는 ~일 가능성이 크다라는 구어체 표현이에요.
말할 때에는 chances are 뒤에서 약간 쉬어 주면 의미 전달이 확실합니다.
move on은 다른 곳으로 가기 위해 떠나다라는 뜻이에요.
그래서 경우에 따라 비유적으로 나쁜 경험을 딛고 새 삶을 살다라고 쓰죠.
상대가 나에게 매달리는 것이 불쌍해서 겨우 받아 준 경우 다음처럼 말합니다.

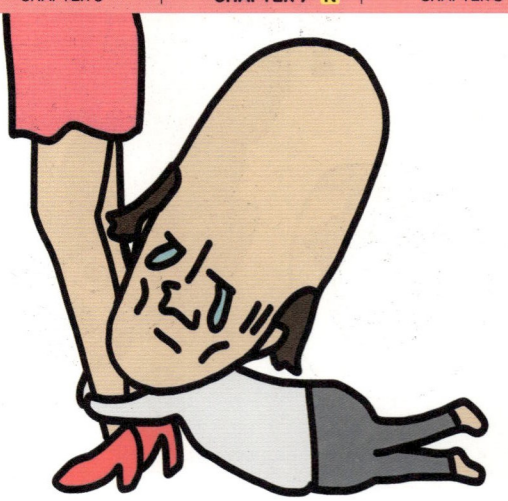

Out of pity, I took my ex-boyfriend back.

불쌍해서 전 남친을 다시 받아 줬어.

다시(back) 받아 준다(take)는 표현은 어렵지 않죠?
out of+감정 하면 (감정)에서 우러나와서, (감정) 때문에로 행동의 이유를 나타냅니다.

My ex-fiancé is trying everything to get me back, but it is too late.

전 약혼자가 나랑 다시 만나려고 별 짓을 다 하는데, 이미 늦었어.

get back은 물건에 대해 사용하면 잃어버렸던 것을 찾다라는 뜻이고 사람에게 쓰면 헤어졌던 연인 또는 배우자와 다시 관계를 시작하다라는 의미입니다. get someone back은 문맥에 따라 '복수하다'의 의미도 있으니 상황에 맞게 적절히 사용하세요. 다시 사귄다는 말을 아래처럼 말할 수도 있죠.

I heard Kate and Bryan got back together.

케이트랑 브라이언 다시 사귄대.

겨우 억지로 다시 만나게 된 커플에게는 주위에서 이렇게 수근대기도 해요.

I don't think their relationship will last long.

걔네 오래갈 것 같지 않아.

13 황금을 캐는 여자

| CHAPTER 1 | CHAPTER 2 | CHAPTER 3 | CHAPTER 4 | CHAPTER 5 | CHAPTER 6 | **CHAPTER 7** N | CHAPTER 8 |

소위 '속물'이라고 부르는 돈이나 외모만을 밝히는 사람을
통속적으로 지칭하는 재미난 표현을 배워 볼게요.

Jenny is a gold digger. She only meets guys worth $5 million or more.

제니는 돈을 보고 남자를 사귀어. 자산이 5백만 달러 이상인 남자만 만나.

gold digger는 말 그대로 금을 캐는 사람으로,
돈과 비싼 선물을 목적으로 이성을 만나는 사람을 의미합니다.
안타깝게도 이 단어는 남자보다 여자에 더 많이 쓰입니다.

Heather got a sugar daddy. It seems like he buys her everything she wants.

헤더에게 돈 많은 아저씨가 생겼어. 가지고 싶은 걸 그 아저씨가 다 사 주는 모양이야.

sugar daddy란,
자신보다 젊은 여자를 사귀면서 비싼 선물과 돈 등을 주는 나이 든 남성을 의미합니다.

The vice president of our company always takes his trophy wife on business trips.
우리 회사 부사장은 맨날 젊고 예쁜 부인을 출장에 데려가.

trophy wife는 돈 많고 성공한 나이 많은 남자와 결혼한 예쁘고 젊은 여자를 뜻합니다.
감이 오시겠지만 좋은 뉘앙스는 아니죠.
트로피를 집에 진열해 놓는 것처럼 진열 및 자랑용으로 아름다운 부인을 이용하여 능력 있는 사람임을 드러내는 것입니다.
돈만 보고 결혼한 여자는 뭐라고 표현할까요?

One of my friends married her husband for his money.
내 친구 중 하나는 돈을 보고 결혼했어.

14 결혼에 골인하다

| CHAPTER 1 | CHAPTER 2 | CHAPTER 3 | CHAPTER 4 | CHAPTER 5 | CHAPTER 6 | **CHAPTER 7** N | CHAPTER 8 |

길고 험난한 연애의 끝은 아름다운 결혼이겠죠.
마지막 장이니만큼 아름답고 교훈적인 마무리를 하겠습니다.

I have been waiting for my boyfriend to pop the question. 나는 남친이 결혼하자는 말을 꺼내길 기다리고 있어.

pop the question은 그냥 질문을 던지다라는 뜻이 아니라
'나랑 결혼해 줄래?'라는 질문을 한다는 관용적 표현입니다.
날짜를 정했는지 물어보려면 다음과 같이 말하면 돼요.

Have you set a date? I cannot wait to see you in a wedding dress. 결혼 날짜 잡았니? 네 웨딩드레스 입은 모습 보고 싶어 죽겠다.

set a date는 결혼식뿐 아니라 일반적으로 날짜를 정하는 경우에 모두 해당됩니다.

Till death do us part…
죽음이 우리를 갈라놓을 때까지…

위 표현은 결혼 서약에 나오는 관용적 표현으로, **평생 함께할 거라는 표현**이에요.
우리말의 **검은 머리 파뿌리 될 때까지**…와 똑같아요.

After years of dating, Kevin and Leah finally tied the knot.

몇 년 동안 연애한 끝에 케빈과 리아는 드디어 결혼을 했어.

tie the knot은 말 그대로 **매듭을 맺다**라는 뜻이에요.
두 실뭉치가 매듭으로 하나가 된 것처럼 **두 사람이 결혼을 했다**는 의미로 쓰죠.
이 표현 대신 **get hitched**를 써도 같은 표현입니다.

We signed a prenup before we got married.

우리는 결혼 전에 혼전 계약서를 썼어.

prenup[프리넙]은 **prenuptial agreement**의 줄임말로,
결혼하기 전에 이혼 시 재산 분할을 어떻게 할 것인지를
서로 합의 하에 결정하는 법적 계약입니다.
재산 이외에 다른 내용도 쓸 수 있지만 보통 한쪽이 다른 한쪽보다 재산이 훨씬 많을 때
재산을 지키기 위한 목적으로 작성하곤 해요.

영어 중독자 **두껍**의

진짜
미쿡영어

CHAPTER 8
19세 미만 출입금지

01 야한 옷
02 팬티를 팬티라고 부르지 못하고
03 그 여자 글래머야
04 나 흥분했어
05 발딱 서다
06 사춘기
07 PDA
08 거사를 치르다
09 속도 위반
10 임신과 출산
11 변태다!
12 피임
13 늦어지는 생리
14 나 경험이 많아

01 야한 옷

'19세 미만 출입금지' 챕터는 가볍게 야한 옷으로 시작해 볼게요.
야한 옷은 직역으로 sexy clothes라고 해도 되지만 다른 표현들도 꽤 있답니다.

She always wears revealing clothes to work.

그 여자는 맨날 회사에 야한 옷을 입고 가.

reveal이 드러나다라는 뜻인데,
옷이 파이거나 짧으면 '(몸이) 드러나니까' 야하다는 의미로 확장되어 쓰였어요.
조금 더 노골적인 의상에 대해서는 뭐라고 할까요?

I bought slutty clothes for Halloween.

나 할러윈 때 입으려고 야한 옷 샀어.

slutty [슬러리]는 명사 slut의 형용사 형태로, 천박한, 상스러운이라는 의미가 있어요.
그러니 slutty clothes 하면 야한 옷이 되죠.

여성의 야한 옷을 얘기할 때 대표적으로 부각되는 신체 부위가 있어요. 어딜까요?

I could see her cleavage.

걔 가슴골이 다 보였어.

cleavage의 발음은 [클리비쥐]로,
여성의 가슴 사이, 여성의 가슴골을 의미하는 단어입니다.

야한 옷 하니까 스타킹이 생각나는 것은 저뿐인가요? ㅎㅎ
스타킹은 우리말 그대로 stockings라고 하기도 하고,
생긴 모양에 따라 pantyhose라고 한답니다.

그림처럼 stockings는 허벅지까지만 올라오고, pantyhose는 팬티형
스타킹이라는 차이가 있어요.

조금 특별한 형태로 망사 스타킹은
fishnet stockings/pantyhose라고 한답니다.

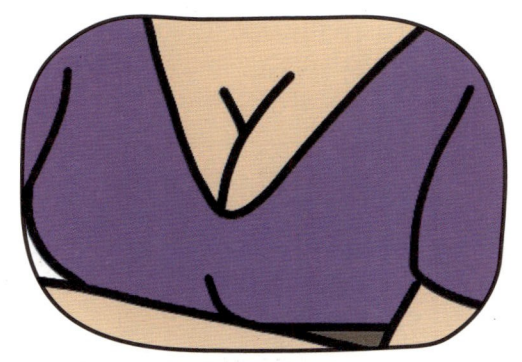

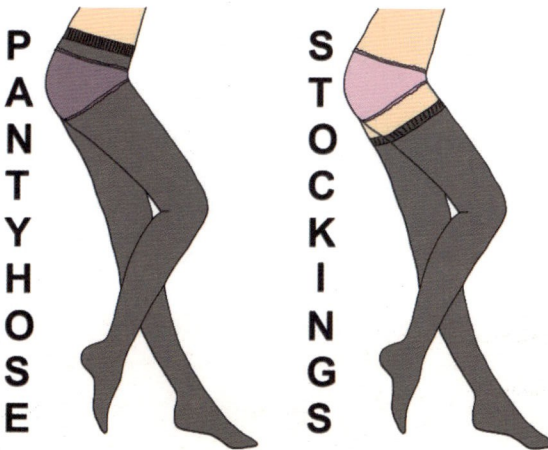

02 팬티를 팬티라고 부르지 못하고

| CHAPTER 1 | CHAPTER 2 | CHAPTER 3 | CHAPTER 4 | CHAPTER 5 | CHAPTER 6 | CHAPTER 7 | **CHAPTER 8** |

남자 속옷 중에는 팬티라는 속옷이 존재하지 않습니다. ㅎㅎ 무슨 말이냐고요?
우리말의 '팬티'와는 달리 영어의 panties는 절대적으로 여자 속옷만을 지칭해요.
즉, '남자의 팬티'는 엄청난 콩글리시라는 거죠!

남자 팬티의 가장 일반적인 3가지 종류를 그림과 함께 알아보겠습니다.

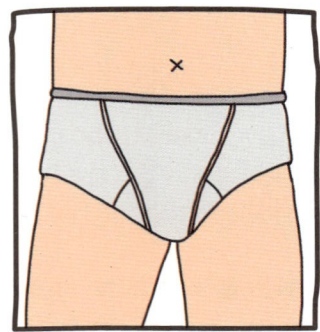

briefs
가장 무난한 형태의 삼각 팬티

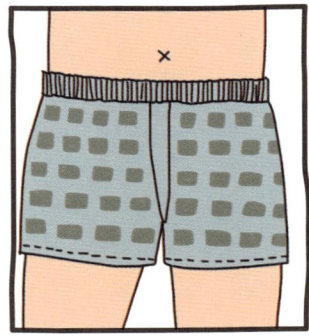

boxers
쫀쫀한 허리 밴드가 있고
헐렁헐렁하게 허벅지까지 내려오는
사각 팬티, 트렁크

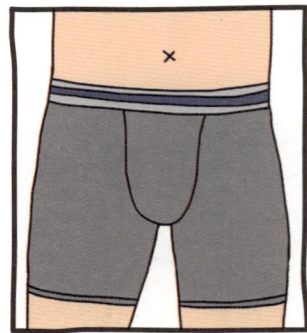

boxer briefs
허벅지까지 내려오는 것은 boxers와 같고,
몸에 달라붙는 것은 briefs와 같아서 붙은
것으로, 우리나라에서는 드로즈 팬티라고 부름

'남자 팬티'의 여러 종류를 디테일하게 알아보았습니다.
여기서 다룬 명칭 정도는 외워 두는 게 좋지만 헷갈린다 싶을 때는
그냥 **underwear**(모양 및 성별 구분 없음)라고 하면 돼요.
하지만 **panties**는 여성 속옷만을 가리킨다는 건 무슨 일이 있어도 기억하세요.

재밌는 표현 하나만 더 배우고 갈까요?

When he was squatting, I saw his butt crack.
걔가 쭈그려 앉아 있을 때, 엉덩이 골이 보였어.

알아 두기

이미 눈치챈 님들이 있겠지만 하의 속옷은 한 벌이더라도 뒤에 **s**를 붙여 **복수**로 씁니다. 왜냐하면 다리가 빠져나오는 구멍이 2개니까요. 바지를 pant라고 하지 않고 pants라고 하는 것과 동일한 원리죠.

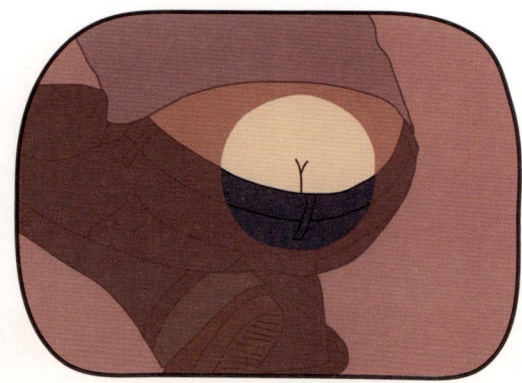

엉덩이 골은 간단해요.
butt(엉덩이)+**crack**(금, 갈라진 틈)
=**butt crack**(엉덩이 골)이 되는 거죠.

03 그 여자 글래머야

| CHAPTER 1 | CHAPTER 2 | CHAPTER 3 | CHAPTER 4 | CHAPTER 5 | CHAPTER 6 | CHAPTER 7 | **CHAPTER 8** |

글래머란 단어를 들으면 어떤 이미지가 떠오르나요?
두말할 것 없이 쭉쭉빵빵 미녀를 생각할 겁니다.

국립국어원의 표준국어대사전에서도 글래머를 다음과 같이 정의합니다.

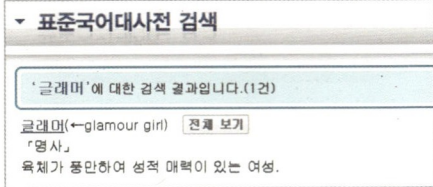

자, 그럼 이를 바탕으로 문장을 하나 해석해 볼까요?

My sister left our hometown, attracted by the glamour of Seoul.

우리가 아는 식대로 해석하면
'우리 언니가 서울 글래머에 매료되어 고향을 등졌다.'가 되는데,
난데없이 언니를 커밍아웃시킬 게 아니라면 이 의미는 틀렸다는 걸 알아야 합니다.

249

glamour에는 '풍만한 육체'라는 의미가 전혀 없어요.
다음의 제대로 된 의미를 보고 위 문장을 다시 해석해 보세요.

glamour: 화려함, 매력

My sister left our hometown, attracted by the glamour of Seoul.

우리 언니는 서울의 화려함에 이끌려 고향을 떠났다.

이 글래머가 아니여~

그럼 정말 쭉쭉빵빵 미녀를 말하는 글래머는 영어로 뭐라 할까요?

She is curvy.
She has nice curves. 그녀는 글래머야.

몸매가 곡선인(curvy), 좋은 곡선을 가졌다(have nice curves)는 말로 표현했네요.

She is voluptuous. 그녀는 몸매가 풍만해.

voluptuous(관능적인, 육감적인)의 발음은 [벌럽츄어쓰]예요.

She has big tits and a nice ass.

그녀는 가슴이 크고 엉덩이가 예뻐.

> 🔍 **단어 짚어 보기**
>
> tit[팃!]: titty[티리]와 함께 breast(가슴)를 뜻하는 비속어.
>
> ass[애쓰]: 엉덩이를 가리키는 비속어.
> 같은 속어이지만 수위가 낮은 단어로는 butt[벗]이 있습니다.

04 나 흥분했어

밤의 역사는 모두 성적인 흥분에서 시작됩니다.
흥분을 시작으로 이번 장부터는 본격적인 19금 표현을 배워 보겠습니다.

I wouldn't say Toby is handsome, but somehow he turns me on.
토비가 잘생겼다고는 말 못하겠는데, 걘 보면 왠지 모르게 흥분돼.

turn ~ on은 (불, 스위치를) 켜다라는 뜻이잖아요.
이성 사이에서는 흥분의 스위치가 켜지다라고 생각하면 될 거예요.
이 표현은 아래와 같이 성적으로 흥분시키는 것이라는 명사형으로도 쓸 수 있어요.

To most women, a six pack is a turn-on.
대부분의 여자들은 식스팩에 성적 매력을 느껴.

The way she talks turns me off.
그 여자 애 말투는 걔랑 뭘 하고 싶은 마음이 사라지게 해.

turn on의 반대로 turn off 하면 성적 매력이 안 느껴지게 하다, 흥분이 사그라들다라는 의미입니다.
마찬가지로 명사형으로도 사용할 수 있고요.

Jack farted during foreplay. It was a huge turn-off.

잭이 전희 중에 방귀를 뀌었어. 할 마음이 싹 가셨어.

foreplay를 뜯어 보면 **fore**(앞)+**play**(놀다)니까 의미로는 우리말의 전희와 똑같아요.

I was super horny last night, so I made a booty call to Melissa.

나 어제 엄청 흥분해서 멜리사한테 그거 하자고 전화를 했어.

horny는 성적으로 흥분한 상태를 뜻합니다.
외우기가 힘들면 뿔(horn)난 숫사슴이 교미하는 그림을 적극 활용하세요.
같은 의미를 좀 점잖은 말로 표현하려면 **sexually excited, aroused**라고도 합니다.
booty call은 섹스를 하고 싶을 때 상대를 초대하기 위해 거는 전화를 의미합니다.

05 발딱 서다

남자가 흥분을 하면 자연스럽게 나타나는 몸의 변화에 대해서 알아볼게요.

I got a boner while giving a presentation.
나 프레젠테이션을 할 때 섰어.

남자의 성기가 발기된 것을 boner라고 합니다.
마치 뼈가 있는 것처럼 딱딱해졌다는 의미로 알아두면 되겠죠.
같은 의미의 다른 표현을 볼까요?

My boyfriend got hard while we were kissing.
키스할 때 남친 거기가 딱딱해졌어.

Will's roommate cockblocked him. What an ass!
윌이 섹스할 수 있는 기회를 걔 룸메이트가 망쳐 버렸어. 이런 나쁜 놈 같으니라고!

cockblock은 우연이든 의도적이든 섹스할 수 있는 기회를 망쳐 버리는 것을 뜻하는 속어입니다.
cock이 남자 성기이고 block이 차단하다니까 더 깊이 설명할 필요도 없죠?

253　가끔은 이런 건강한 신체 변화를 느끼기 어려운 사람도 있습니다.
그런 슬픈 경우도 영어로 한 번 볼까요?

**My husband has an erection problem.
So he started taking Viagra.**
남편이 발기부전이라서 비아그라를 복용하기 시작했어.

election(선거)과 철자 하나만 다르죠? 그러니 발음에 주의하세요.
발기부전의 정식 의학적 명칭은 **erectile dysfunction**입니다.
간단하게 **erection problem**이라고 하는 거죠.
비아그라의 발음은 **[바이애그라]**라는 것 기억하세요.
발기가 되지 않는 것을 전문 용어를 쓰지 않고는 뭐라고 할까요?

**Last night, my boyfriend couldn't get it up.
It was hard not to show my frustration.**
어젯밤에 남친이 발기를 못 했어. 실망한 티를 숨길 수가 없었어.

06 사춘기

| CHAPTER 1 | CHAPTER 2 | CHAPTER 3 | CHAPTER 4 | CHAPTER 5 | CHAPTER 6 | CHAPTER 7 | **CHAPTER 8** |

이번 장은 사춘기에 한 번쯤 겪어 봤을 해프닝을 영어로 알아보겠습니다.

My mom walked in on me masturbating.

내가 자위하고 있는데 엄마가 들어왔어.

walk in on someone은 은밀하고 비밀스러운 일을 할 때 방에 들어감을 뜻하는 숙어예요.

Holy shit! I had a wet dream last night.

헐! 나 어젯밤에 몽정했어.

자는 동안에 꿈을 꾸다가 사정을 하면 팬티가 젖잖아요.
그래서 wet dream(젖은 꿈) 하면 몽정이라는 뜻이 돼요.

I think I am still in puberty. 나 아직도 사춘기인 것 같아.

puberty[퓨벌티]는 사춘기라는 단어예요.
남학생의 사춘기만 있는 건 아니죠?
학창 시절 여학생들의 이슈는 뭘일지 볼게요.

Most girls trim down there before hitting the beach.
대부분의 여자 애들은 해변에 가기 전에 거기를 다듬어.

음부를 직접적으로 말하기 민망할 때에는 down there(그 밑)이라고 자주 표현합니다.
우리말로 거기라고 하는 것과 비슷하죠?
hit+장소는 (장소에) 가다라는 뜻이 있습니다.
털 이야기가 나왔으니 다른 부위의 털 관리에 대해 더 알아보도록 해요.

I shave my armpits/underarms with a razor.
나는 겨드랑이를 면도기로 밀어.

I plucked my leg hair with tweezers. It hurt like hell.
나 족집게로 다리 털 뽑았는데, 아파서 죽는 줄 알았어.

 더 알고 가기

Holy shit!은 '신성한 똥'이라고 해석하면 안 됩니다.
놀라움을 표하는 감탄사로, 우리말로는 헐, 세상에, 깜짝이야 등으로 옮길 수 있어요.
shit은 욕이니까 조심해서 쓰세요. 같은 뜻의 다른 표현들도 알아두고 활용해 보세요.

Holy mackerel! / **Holy cow!** / **Holy moly!** / **Jesus!** / **Jesus Christ!**

07 PDA

| CHAPTER 1 | CHAPTER 2 | CHAPTER 3 | CHAPTER 4 | CHAPTER 5 | CHAPTER 6 | CHAPTER 7 | **CHAPTER 8** |

이번에는 연인들의 눈꼴 시린 행각 중 하나를 배워 보겠습니다. 일명 PDA!

19금 영역에서의 PDA는 Public Display of Affection(공공장소에서 애정 표출)의 약자로,
남들 앞에서 대놓고 하는 스킨십을 의미합니다.
말할 때에는 그대로 [피디에이]로 읽어 주면 되죠.

No PDA in the classroom please! Can you two take it somewhere else?

제발 교실에서 스킨십 좀 하지 마라! 너희 둘 딴 데 가서 하면 안 되냐?

take이 가져가다니까 (스킨십)을 딴 데로 가져가라, 즉 딴 데 가서 해라라는 말이에요.
참고로 스킨십은 콩글리시니까 영어에서는 쓰지 마세요. make out이라는 동사가 있어요.

I saw high school kids making out in public. I wish they had done it in private.

고딩 애들이 밖에서 야한 짓 하는 걸 봤어. 둘만 있는 데서 좀 하지…

다정스럽게 손을 잡거나 볼에 가볍게 뽀뽀하는 등 PDA의 수위가 높지 않고 로맨틱해 보이는 경우, **lovey-dovey[러비 더비]**라는 표현을 씁니다.

You guys are so lovey-dovey.
너네 진짜 귀엽고 사랑스럽다.

하지만 수위가 높아지면 이런 말이 나오죠.

At last night's party, a couple was all over each other.
어젯밤 파티에서 어떤 커플이 서로 뒤엉켜 있었어.

be all over ~은 말 그대로 ~의 몸 전체 위에 있다이므로 **무릎에 앉거나 서로 막 끌어안고 착 달라붙어 키스하거나 곳곳을 부비부비한다**는 의미가 있습니다.
이렇게 수위가 높은 PDA를 그치지 않는 경우 주변 친구들이 다음과 같이 말할 수 있죠.

Get a room!
방 잡아라!

주변의 서러운 솔로들을 위해 PDA는 지양합시다!

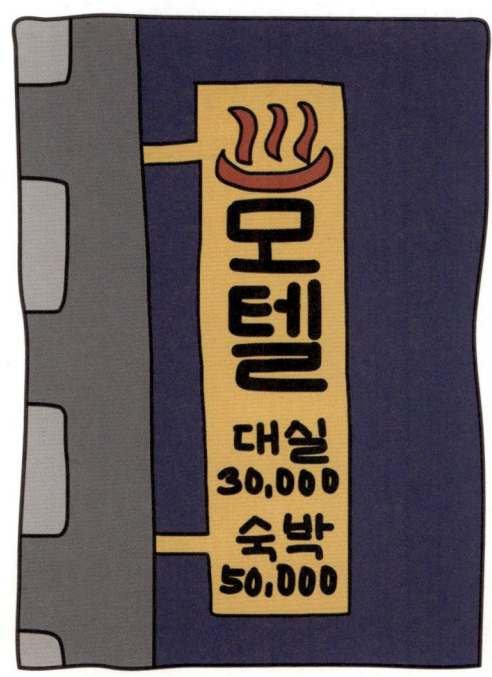

08 거사를 치르다

영어에도 섹스에 대한 표현이 많이 존재하는데,
인류 생존에 중대한 일인 만큼 다양하게 알아보도록 하겠습니다.

I've slept with her before.
나 걔랑 자 봤어.

It has been almost a year since I last had sex with my wife.
와이프랑 마지막으로 섹스를 한 지 거의 일 년이 됐어.

위 표현들은 가장 무난한 표현들이에요.
좀 수준 있게 쓸 때는 **have sexual intercourse**(성관계를 가지다)라고도 합니다.

The first time we made love was at a shabby motel.
우리가 처음 사랑을 나눈 건 허름한 모텔에서였지.

We fucked all night long.
우린 밤새 그 짓을 했지.

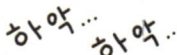

fuck은 상대방에 대한 존중의 느낌이 전혀 없는 굉장히 **상스러운 단어**임에 꼭 유의하세요.

We are just fuck buddies.
우린 그냥 즐기는 사이야.

buddy가 친구이니, 섹스를 하는 친구, 즉 진심 없이 서로 즐기기만 하는 관계를 뜻합니다.
같은 뜻을 좀 점잖게 얘기하려면 아래와 같이 말할 수 있어요.

In the beginning, we were just friends with benefits, but ended up falling in love with each other.
우리는 처음에 그저 자는 사이였지만 서로를 사랑하게 됐어.

friends with benefits는 혜택이 있는 친구, 즉 잠만 같이 자는 사이를 뜻해요.

더 알고 가기

미드나 영화에서 **fucking**이란 말 굉장히 많이 들어보셨죠? 동사 fuck에서 나온 **형용사/부사**로 한국어의 **존나** 정도에 해당합니다. 수위가 높은 욕설임을 기억하세요.

예) That fucking idiot screwed up everything. (형용사)
저 존나 멍청한 놈이 모든 걸 망쳤어.

I fucking hate her. (부사)
나 걔 존나 싫어.

09 속도 위반

결혼 전에 아기를 가지는 것을 우리말로 속도 위반이라고 하죠?
이번 장에선 뜻하지 않은 임신과 그로 인한 여파에 대해 다뤄 보도록 하겠습니다.

My boyfriend pulled out before coming. Will I get pregnant?

남친이 질외사정을 했는데, 임신이 될까?

흔히 말하는 질외사정하다는 영어로 pull out이라고 표현합니다.
사정하기 전에 밖으로 꺼내다라는 의미죠. 의학적인 명칭은 withdrawal method예요.
그럼 임신을 시키다라는 표현은 영어로 뭐라고 할까요?

Mark got his girlfriend pregnant.

마크가 여자친구를 임신시켰어.

Someone I know knocked up a girl and is now paying child support.

내가 아는 누구는 여자를 임신시켜서 지금 양육비를 주고 있어.

knock up은 ~를 임신하게 만들다라는 의미의 저속한 표현입니다.
child support는 부모가 아이를 함께 키우지 못할 때
한쪽이 다른 한쪽에게 주는 양육비를 의미해요.

My **deadbeat dad** was a **no-show** on my birthday.

양육비도 안 보내는 우리 아빠는 내 생일에 오지도 않았어.

deadbeat dad/mom은 양육비를 안 보내는 무책임한 아빠나 엄마를 의미합니다.
no-show는 오기로 한 약속에 코빼기도 보이지 않는 사람을 뜻하는 구어체 표현이에요.
이렇게 속도 위반으로 결혼하는 걸 의미하는 영어 표현도 있어요.

Victor and his girlfriend **had a shotgun wedding**.

빅터랑 빅터 여친은 속도 위반으로 결혼했어.

shotgun이라니, 갑자기 왠 총이냐고요?
혼전 임신한 딸의 아버지가 상대 남자에게 총으로 위협하면서까지
자기 딸과 결혼하게 하여 책임지도록 했다는 것이 어원이에요. 무시무시하지만 재밌죠? ㅎㅎ

10 임신과 출산

| CHAPTER 1 | CHAPTER 2 | CHAPTER 3 | CHAPTER 4 | CHAPTER 5 | CHAPTER 6 | CHAPTER 7 | CHAPTER 8 |

임신 및 출산과 관련하여 궁금할 표현들을 영어로 어떻게 말하는지 본격적으로 살펴보겠습니다.

I am 7 months pregnant. 나 임신 7개월이야.

임신 개월 수는 어렵게 생각할 필요 없이 pregnant 앞에 기간만 붙이면 됩니다.
반대로 임산부에게 물어볼 때와 축하해 줄 때는 다음과 같이 말하세요.

When is the baby due? 출산 예정일이 언제예요?
How far along are you? 임신한 지 얼마나 되셨어요?
Congratulations! You are going to make a great mother!
축하해! 넌 좋은 엄마가 될 거야.

입덧은 임신을 하면 나타나는 대표적인 증상이죠.
When I was pregnant with my second child, I had horrible morning sickness.
나는 둘째를 가졌을 때 입덧이 엄청 심했어.

My water broke in the middle of the night and I hurried to the hospital. Soon after, I went into labor.

한밤중에 양수가 터져서 병원에 서둘러 갔어. 그리고 얼마 안 있어 분만이 시작됐어.

water break(양수가 터지다)는 우리말과 표현이 똑같죠?
go into labor(분만을 시작하다)는 직역하면 노동(labor)으로 들어가다라는 말인데, 출산의 고통은 정말 어마어마하고 힘든 거니까 노동이라고 생각했나 봐요.

I breast-fed my first child and bottle-fed my second one.

첫 애는 모유 수유했고 둘째는 분유 먹였어.

모유 수유는 엄마의 가슴으로 먹이는 거니까 breast-feed고,
분유를 먹이는 것은 젖병을 사용해서 먹이니까 bottle-feed입니다.
분유 자체는 formula라고 한답니다.

우웩

11 변태다!

CHAPTER 1 | CHAPTER 2 | CHAPTER 3 | CHAPTER 4 | CHAPTER 5 | CHAPTER 6 | CHAPTER 7 | **CHAPTER 8**

safe sex라고 들어보셨나요? 우리말로 그대로 옮기면 '안전한 섹스'.
어떤 의미인지 아래에서 살펴보세요.

When you have a one-night stand, make sure to have safe sex.

원나잇 스탠드를 할 때 꼭 조심해서 해.

have safe sex는 콘돔 등을 사용하여 성병 및 원치 않는 임신을 예방하는 섹스를 의미합니다. 만약 이렇게 조심하지 않으면 다음과 같은 무시무시한 일이 일어날 수 있어요.

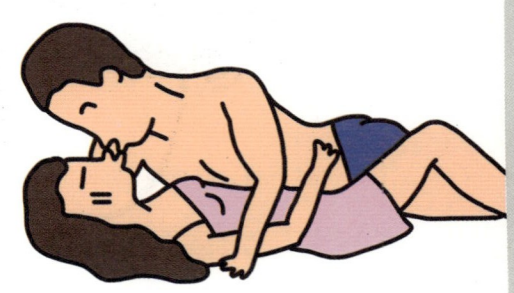

I got an STD. 나 성병 걸렸어.

STD[에쓰티디]는 sexually transmitted disease(성적으로 전염되는 병)의 약자예요.

이제 본격적으로 변태와 관련된 표현들을 살펴볼게요.

My girlfriend called me a pervert.

여친이 나한테 변태라고 했어.

pervert(변태)는 회화에서 perv라고 줄여서 말하는 경우가 많아요.
변태들이 주로 하는 짓은 뭐가 있을까요?

I was groped on the subway.

지하철에서 성추행을 당했어.
grope은 상대방이 원하지 않는데도 몸을 만지는 행위를 말합니다.

In the back alley, some guy flashed me.

뒷골목에서 어떤 남자가 나한테 바바리맨 짓을 했어.
flash는 공공장소에서 성기를 꺼내 타인에게 보여주는 행위로,
우리가 흔히 말하는 바바리맨 짓과 같습니다.

I called the police on the Peeping Tom across the street.

길 건너 사는 관음증 환자를 경찰에 신고했어.
peep은 엿보다라는 의미예요. Peeping Tom은 그대로 옮기면 엿보는 탐이라는 뜻으로, 남의 벗은 몸을 몰래 훔쳐보는 사람을 뜻하는 관용적 표현입니다.

12 피임

이번 장은 19금 내용 중 가장 권장되고 교훈적인 내용인 피임에 대해 배워 보겠습니다.

Make sure to use protection if you don't want to get pregnant.
임신하기 싫으면 꼭 피임을 해.

protection은 앞장에서 다룬 safe sex와 비슷한 의미로,
콘돔 등을 사용하여 성병이나 임신을 막는 것을 의미합니다.
제대로 피임을 하지 못한 경우 다음 날 이런 고민을 하게 되죠.

Should I take the morning-after pill?
사후 피임약을 먹어야 하나?

사후 피임약은 the morning-after pill이고, 일반 피임약은 the pill입니다.
그냥 pill이라고 하면 일반적인 약이지만 the pill이라고 하면 피임약을 지칭한다는 점을 알아 두세요.
정식 명칭은 birth control pill이고요.

I started taking the pill.
나는 피임약을 먹기 시작했어.

267

피임이라는 단어는 **birth control** 또는 **contraception**이라고 하고
콘돔, 피임약 등의 **피임 수단**은 **contraceptive**라고 해요.
콘돔을 끼운다는 말은 뭐라고 할까요?

I think something went wrong when I put it on.

콘돔을 씌울 때 뭐가 잘못됐나 봐.

콘돔도 성기에 입히는 '옷'이라고 생각했나 봐요.
이제 영구 피임은 뭐가 있는지 볼까요?

**We don't need to use condoms because
my husband had a vasectomy.**

남편이 정관수술을 해서 우리는 콘돔이 필요 없어.

vasectomy[버섹터미]가 좀 어려워 보일 수 있지만 알아두세요.

I didn't want more children. So I had my tubes tied.

나는 애를 더 낳고 싶지 않아서 난관수술을 했어.

난관 수술은 나팔관을 묶는(tie) 수술로, 여성의 영구 피임법이랍니다.

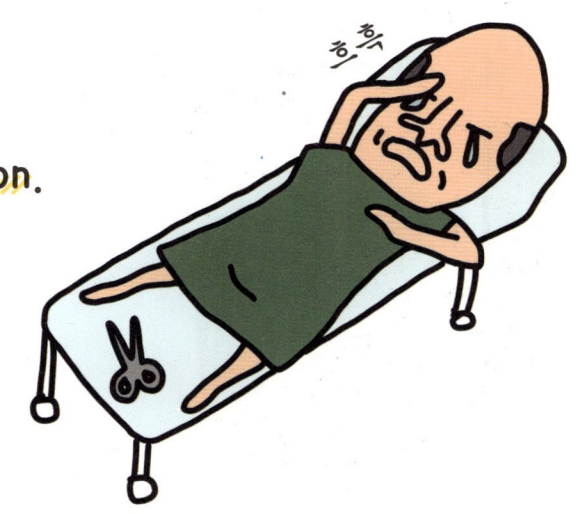

13 늘어지는 생리

이번 장에서는 매달 찾아오는 손님, 생리에 관한 표현을 배워 보겠습니다.

I haven't got my period yet. I am getting worried.
나 아직도 생리를 안 해. 걱정되네.

우리가 흔히 '멘스'라고 부르는 menstruation[멘스트루에이션]은 일상생활에서 쓰이기는 하지만 활용도는 우리말의 '월경'과 비슷하다고 보면 돼요. 즉, 일상생활에서는 period(생리)라는 단어가 더 자주 쓰이죠.

I am late. (생리 할) 때가 됐는데 늘어지고 있어.

생리가 늘어질 때 특별한 표현 없이 아주 아주 흔하게 쓰는 표현이에요.
기다리던 생리가 시작되면 다음과 같이 말할 수 있습니다.

I started my period today. / I got my period today.
나 오늘 생리 시작했어.

I am on my period.
나 생리 중이야.

269 여자 분들 중에는 유독 생리통이 심한 분들이 있죠. 생리통은 영어로 뭐라고 할까요?

I have cramps.
나 생리통 때문에 배 아파.

cramp는 팔다리에 생기는 근육통 등과 같이 다른 통증에도 쓸 수 있는데 생리통으로 쓰일 때에는 끝에 s를 붙여 복수로 만들어 줘야 합니다.

I have terrible PMS.
I am suffering from horrible PMS.
나 생리 전 증후군이 너무 심해.

PMS[피엠에쓰]는 premenstrual syndrome의 약자로, 말 그대로 생리 전 증후군입니다.
피로감, 우울, 과식증, 붓기 등의 증상이 나타나며 심한 경우는 일상생활 유지가 힘들어지죠.

I am PMSing now. I am very irritable, so leave me alone.
나 지금 생리 전 증후군으로 힘들어. 쉽게 짜증나니까 건드리지 마.

슬랭으로 쓸 때는 PMS를 이렇게 동사로 쓰기도 합니다.

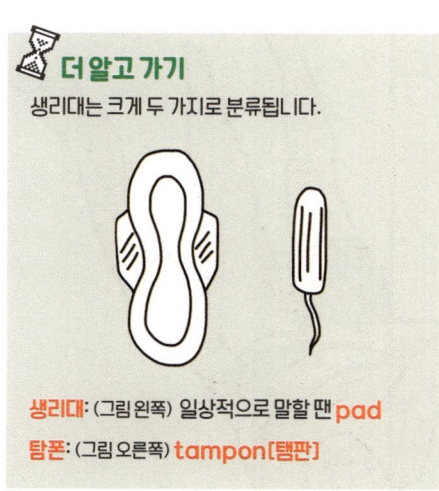

더 알고 가기
생리대는 크게 두 가지로 분류됩니다.

생리대: (그림 왼쪽) 일상적으로 말할 땐 pad
탐폰: (그림 오른쪽) tampon[탬판]

14 나 경험이 많아

| CHAPTER 1 | CHAPTER 2 | CHAPTER 3 | CHAPTER 4 | CHAPTER 5 | CHAPTER 6 | CHAPTER 7 | **CHAPTER 8** |

마지막으로 성관계와 관련해 통속적으로 잘 쓰는 말을 몇 가지 배우며 멋지게 피날레를 장식하겠습니다.

She is easy. 걔 쉬운 여자야.

섹스를 쉽게 허락하는 사람을 두고 **easy**라고 묘사해요.
안타깝게도 주로 여자에게 쓰는 표현이에요.

I am not in love with Cathy. I am just trying to get in her pants.

나는 캐시를 사랑하는 게 아니야. 그냥 자 보려고 하는 거야.

get in someone's pants를 직역하면 ~의 바지에 들어가다인데,
관계를 하려면 바지를 벗기고 그 안에 들어가게 되니까 비유적으로 섹스를 하다라는 뜻이 돼요.

Someone told me my boyfriend used to sleep around. It bothers me.

내 남친이 옛날에 이 사람 저 사람과 잤다고 누가 말해 줬는데, 신경 쓰여.

sleep around은 직역하면 **돌아가며 자다**이니,
한 사람만이 아닌 **여러 사람과 성관계를 갖는다**는 의미가 바로 와닿죠?

I like playing the field.
난 여러 사람 만나면서 노는 게 좋아.
play the field는 **여러 사람과 관계를 가지는 것**을 의미합니다.
여러 선수와 경기장(**frield**)에서 경기(**play**)를 한다고 생각하세요.

I don't want to sleep with inexperienced girls.
나는 경험없는 여자랑 자고 싶지 않아.
inexperience는 성관계의 맥락에서는 **경험이 없는**이라는 의미로 쓰입니다.
반대로 **경험이 많은** 건 **experienced**라고 하죠.

Trust me. I can go all night.
진짜라니까. 나 밤새도록 할 수 있어.
남자들이 **자신의 정력을 자랑할 때 go**를 써서 표현할 수도 있답니다.